Die Psyche
des Menschen

Aus dem Französischen übersetzt
Originaltitel:
LA VIE PSYCHIQUE : ÉLÉMENTS ET STRUCTURES

© 1985, Éditions Prosveta S.A., France, ISBN 2-85566-368-7
Französische Originalausgabe

© 1992, Éditions Prosveta S.A., France, ISBN 2-85566-529-9
Deutsche Ausgabe: »Struktureller Aufbau und Schichten der Psyche«

© 2000, Prosveta Verlag GmbH, Deutschland, ISBN 3-8515-057-6
Deutsche Ausgabe mit neuem Titel: »Die Psyche des Menschen«

© 2012, Prosveta Verlag GmbH, Heerstr. 55, 78628 Rottweil
Alle Rechte für alle Länder vorbehalten. Jeder Nachdruck sowie jede
Bearbeitung, Darstellung, Bild-, Ton- oder sonstige Ausgabe bedürfen der
Genehmigung des Herausgebers.

ISBN 978-3-89515-057-9

Druck 2012: Interpress, Ungarn

Omraam Mikhaël Aïvanhov

Die Psyche
des Menschen

Reihe Izvor – Band 222

INHALT

I	»Erkenne dich selbst«	9
II	Eine synoptische Tafel	15
III	Von Seelen und Körpern	25
IV	Herz, Intellekt, Seele und Geist	35
V	Die Schulung des Willens	63
VI	Körper, Seele und Geist	75
VII	Äußeres und inneres Erkennen	95
VIII	Vom Intellekt zur Intelligenz	109
IX	Die wahre Erleuchtung	121
X	Der Kausalkörper	131
XI	Das Bewusstsein	143
XII	Das Unterbewusstsein	169
XIII	Das höhere Ich	179

*Da Meister Omraam Mikhaël Aïvanhov
seine Lehre ausschließlich mündlich überlieferte,
wurden seine Bücher aus stenografischen
Mitschriften, Tonband- und Videoaufnahmen
seiner frei gehaltenen Vorträge erstellt.*

I

»ERKENNE DICH SELBST«

»Erkenne dich selbst...«. Dieser Spruch, der über dem Eingang des Tempels zu Delphi eingemeißelt wurde, ist nur von den wenigsten richtig verstanden worden. Wer ist dieses »Selbst«, das wir erkennen sollen? Handelt es sich dabei um unsere Wesensart, um unsere Schwächen, unsere guten bzw. schlechten Eigenschaften? Nein, wenn es nur darum ginge, hätten die Weisen niemals dieses Gebot über den Eingang eines Tempels einmeißeln lassen. Sicher ist diese Erkenntnis notwendig, sie reicht aber nicht aus. Selbsterkenntnis bedeutet viel mehr. Es bedeutet, sich der verschiedenen Körper bewusst zu werden, aus denen wir bestehen – vom dichtesten zum feinstofflichsten – der Kräfte, die diese Körper beleben, der Bedürfnisse, die sie uns empfinden lassen und der Bewusstseinszustände, die ihnen entsprechen. Davon weiß man eben nichts. Jeder beobachtet sich ein wenig, versucht einige seiner guten wie schlechten Cha-

raktereigenschaften zu erkennen und sagt: »Ich kenne mich ja gut!« Nein, er kennt sich noch nicht.

In Wirklichkeit gibt es keine Darstellung des Menschen, die seiner Komplexität vollkommen gerecht wird. Deshalb sollte man sich nicht wundern, wenn die Religionen und philosophischen Systeme verschiedene Auffassungen von seiner Struktur haben. Die Hindus teilen ihn in die Zahl 7 auf, und die Theosophen haben ebenfalls diese Aufteilung übernommen. Die Astrologen teilen ihn in die Zahl 12 auf, in Übereinstimmung mit den 12 Tierkreiszeichen und die Alchimisten in die Zahl 4, nach den vier Elementen. Die Kabbalisten haben die 4 und die 10 gewählt, den vier Welten und den zehn Sephiroth entsprechend. Die Religionen der alten Perser, der Mazdaismus und Manichäismus, teilten den Menschen in die 2 auf, nach den beiden Prinzipien des Guten und des Bösen, des Lichtes und der Finsternis, Ormuzds und Ahrimans. Ihrerseits haben ihn die Christen in 3 aufgeteilt: Körper, Seele und Geist. Ich möchte noch hinzufügen, dass einige Esoteriker die Aufteilung in 9 gewählt haben, weil sie die 3 in jeder der drei Welten – der physischen, geistigen und göttlichen – wiederholen.

Wo liegt die Wahrheit? Bei allen. Es hängt nur von der Sichtweise ab. Und darum lehne ich keine dieser Aufteilungen ab. Oft teile ich den Menschen der Einfachheit halber in die Zahl 2 auf: Die niedere Natur oder Personalität und die höhere Natur oder Individualität: Diese Aufteilung hilft nämlich, manche Probleme zu verstehen. In anderen Fällen wähle ich die 3, die 6 oder die 7, wenn es angebracht erscheint. Diese Aufteilungen sind praktisch, um diesen oder jenen Aspekt der Wirklichkeit darzustellen. Keine widerspricht der anderen, weil jede von einem bestimmten Gesichtspunkt aus richtig ist.

Will man eine Vorstellung von der Anatomie des Menschen vermitteln, so stellt man nicht alles auf einmal dar; zum besseren Verständnis fertigt man verschiedene Schautafeln für die unterschiedlichen Systeme an: Knochen, Muskeln, Kreislauf, Nerven... Auch in der Geographie benutzt man mehrere Wandkarten: physikalische, politische, ökonomische, geologische usw. In allen Bereichen ist es das Gleiche. Genauso wie der Anatom oder Geograph bedienen sich die Eingeweihten verschiedener Schaubilder oder Aufteilungen, je nach den Aspekten des menschlichen Wesens und den Problemen, die sie vertiefen wollen.

II

EINE SYNOPTISCHE TAFEL

»Das, was unten ist, ist wie das, was oben ist, und das, was oben ist, ist wie das, was unten ist«, sagte Hermes Trismegistos. Die Existenz von alles durchdringenden Prinzipien im Menschen, von denen jedes seine eigenen Bedürfnisse und Aktivitäten hat, ist leicht zu verstehen, wenn man als Ausgangspunkt die Bedürfnisse und Aktivitäten des physischen Körpers nimmt. Ich will versuchen, dies anhand einer synoptischen Tafel zu zeigen, in der die Hauptbestandteile unseres physischen und psychischen Lebens zusammengestellt sind.

Beginnen wir also mit dem physischen Körper. Was braucht er? Gesundheit. Um gesund zu bleiben, benötigt er Nahrung: Er muss essen. Um sich Nahrung zu besorgen, braucht er Geld, und um Geld zu bekommen, muss er arbeiten. Ihr seht, das ist einfach. Und da nun das, was unten in der physischen Welt ist, dem gleicht, was oben in der geis-

PRINZIP	IDEAL	SPEISE	BEZAHLUNG	TÄTIGKEIT
GEIST	EWIGKEIT	FREIHEIT	WAHRHEIT	IDENTIFIKATION KONTEMPLATION
SEELE	UNENDLICHKEIT	SELBSTLOSIGKEIT	EKSTASE	ANBETUNG GEBET
VERSTAND	KENNTNIS WISSEN LICHT	GEDANKE	WEISHEIT	MEDITATION
HERZ	BEGLÜCKUNG WÄRME	GEFÜHL	LIEBE	HARMONISCHE KÜNSTLERISCHE TÄTIGKEIT
WILLE	MACHT BEWEGUNG	KRAFT	ATEM GESTIK	ATMUNG GYMNASTIK
KÖRPER	GESUNDHEIT LEBEN	NAHRUNG	GELD	KÖRPERLICHE ARBEIT

Eine synoptische Tafel

tigen Welt ist, versteht sich, dass sich für die anderen Prinzipien, aus denen der Mensch besteht: Wille, Herz, Intellekt, Seele und Geist, die gleichen Vorgänge auf den feinstofflichen Ebenen wiederfinden. Jedes dieser Prinzipien ist auf ein Ziel gerichtet; um dieses Ziel zu erreichen, muss es ernährt werden; um diese Nahrung zu bekommen, braucht man Geld, und Geld verdient man nur, wenn man eine Arbeit verrichtet.

Betrachtet den Willen: Er hat die Bewegung zum Ziel, also die Macht. Er möchte auf Dinge, Wesen, Zustände einwirken, um sie zu gestalten, umzuwandeln. Aber er kann nicht tätig sein, wenn er sich nicht ernährt, und seine Nahrung ist die Kraft: Durch die Kraft genährt, kann sich der Wille äußern. Und um diese Kraft zu erlangen, braucht er ein Zahlmittel – die Bewegung. Um Energien auszulösen, muss man sich immer zwingen, beweglich und tatkräftig zu werden. Gewöhnt euch daran, zu handeln, euch zu bewegen, so wird der Wille Kraft »kaufen« und mächtig werden. All eure physischen Anstrengungen führen dazu, euren Willen zu stärken.

Was braucht nun das Herz? Es will erfreut sein, es sucht Wärme, Freude, Glück. Seine Nahrung ist das Gefühl, und das Geld, um dieses kaufen zu können, ist die Liebe. Wenn ihr liebt, ist eure Liebe das »Geld«, das euch ermöglicht, alle Arten von Gefühlen, Empfindungen, Emotionen zu »kaufen«,

d. h., zu empfinden. Wenn ihr eure Liebe verliert, verliert ihr auch das Glück, und ihr seid dann in der Kälte. Wie bewahrt man den Reichtum der Liebe? Indem man jeden Tag den Geschöpfen und dem ganzen Universum gegenüber Harmonie entwickelt.

Und der Intellekt? Er hat das Bedürfnis, erleuchtet zu werden, er sucht Licht und Erkenntnis. Seine Nahrung ist das Denken. Das Geld, das ihm erlaubt, die besten Gedanken zu kaufen, ist die Weisheit. Und die Aktivität, die ihm ermöglicht, die Weisheit zu erlangen, ist die Meditation. Allein die Weisheit kann euren Intellekt mit den besten Gedanken nähren, und so erlangt er das ersehnte Licht.

Das Ideal der Seele ist die grenzenlose Weite. Die menschliche Seele ist ein winzig kleiner Teil der Universalseele, und sie fühlt sich derart begrenzt, beschränkt, dass ihr einziger Wunsch ist, sich im Raum auszudehnen. Um dieses Ideal zu erreichen, hat sie das Bedürfnis, gestärkt zu werden, und es existiert für sie eine geeignete Nahrung: all die Qualitäten des höheren Bewusstseins, Selbstlosigkeit, Entsagung, Opferbereitschaft. Die Ekstase, die Verschmelzung mit der göttlichen Welt ist das Geld, dank dem sie diese Nahrung kauft. Die Arbeit, die diese Verschmelzung ermöglicht, ist das Gebet, die Kontemplation. Ja, die Kontemplation ist die der Seele eigene Arbeit.

Eine synoptische Tafel

Das Ideal des Geistes ist die Ewigkeit, denn der Geist, dessen Ursubstanz unsterblich ist, transzendiert die Zeit. Aber um die Ewigkeit zu erlangen, braucht der Geist eine Nahrung, und diese Nahrung ist die Freiheit. Während die Seele das Bedürfnis hat, sich auszudehnen, hat der Geist das Bedürfnis, alle Fesseln, die ihn gefangen halten, zu durchtrennen. Die Wahrheit ist das Geld, mit dem der Geist die Freiheit kauft. Jede Wahrheit, die ihr in dieser oder jener Hinsicht erlangen könnt, gibt euch die Möglichkeit zur Selbstbefreiung. Jesus sagte: *»Erkennt die Wahrheit, und die Wahrheit wird euch befreien.«* Ja, die Wahrheit ist es, die befreit. Die Aktivität, die ermöglicht, die Wahrheit zu erreichen, ist die Verschmelzung mit dem Schöpfer. Wer sich mit dem Schöpfer identifiziert, wird eins mit Ihm: Er besitzt die Wahrheit und ist frei! Wenn Jesus sagte: *»Mein Vater und ich sind eins«*, fasste er mit diesen Worten den Vorgang der Identifikation zusammen.

In dieser Abbildung (Kapitelanfang) habe ich die Hauptelemente des physischen und insbesondere des psychischen Lebens, die man allgemein unzusammenhängend vorfindet, verbinden wollen, um eine Einheit zu schaffen. Man könnte diese Vorstellungen sicher endlos weiterentwickeln und näher bestimmen.

Diese Abbildung kann natürlich nicht alles enthalten. Eine Anzahl von Kennzeichen werdet ihr dort nicht finden, aber wir können trotzdem die verschiedenen Bewusstseinsebenen dort einordnen: das Unbewusste, Unterbewusstsein, Bewusstsein, Selbst- und Überbewusstsein.

Viele Philosophen, Psychologen und Psychoanalytiker haben sich mit diesem Problem der verschiedenen Bewusstseinsebenen befasst. Zwar sind ihre Überlegungen beachtenswert, aber sie lassen sich schwer mit den Erfahrungen des täglichen Lebens in Verbindung bringen. Und darum will ich euch zum besseren Verständnis ein einfaches Beispiel geben. Stellt euch vor, ihr hättet euch bei einem Sturz heftig den Kopf gestoßen und liegt bewusstlos am Boden: Ihr befindet euch im Bereich des Unbewussten. Man versucht, euch wiederzubeleben, und ihr beginnt, euch leicht zu bewegen, immer noch mit geschlossenen Augen: Ihr seid auf der Stufe des Unterbewusstseins. Nach einigen Sekunden öffnet ihr die Augen und werdet euch bewusst, dass ihr von Leuten umgeben am Boden liegt, aber ohne genau zu wissen, was eigentlich geschah: Das ist der Zustand des Bewusstseins. Dann kommt ihr wieder vollständig zu euch, ihr fühlt den Schmerz, ihr begreift, was und wie es geschehen ist: Das ist der Zustand des Selbstbewusstseins. Vollkommen wiederhergestellt und glücklich, begreift ihr zuletzt, dass es schlimmer hätte sein können, und ihr dankt dem Himmel, dass er

Eine synoptische Tafel

euch beschützte: Das ist der Zustand des Überbewusstseins.

Jetzt schaut euch an, wie die verschiedenen Elemente, die unser Wesen ausmachen, verschiedenen Bewusstseinszuständen entsprechen. Der physische Körper entspricht dem Unbewussten. Alle Äußerungen des physiologischen Lebens – wie Atmung, Verdauung, Kreislauf, Ausscheidung, Wachstum – entsprechen dem Unbewussten. Dem Bereich des Willens und des Herzens entspricht das Bewusstsein, und auf der Ebene des Intellektes beginnt das Selbstbewusstsein zu entstehen. Das Überbewusstsein gehört zum Bereich der Seele und des Geistes; beim Geist kann sogar vom Gottesbewusstsein gesprochen werden.

Kommen wir aber auf das Wesentliche zurück: Die Abbildung zeigt deutlich, wie mit den verschiedenen in euch tätigen Prinzipien zu arbeiten ist, ohne ein einziges zu vernachlässigen. Nur wer lernt, täglich mit seinem physischen Körper, seinem Willen, seinem Herzen, seinem Intellekt, seiner Seele und seinem Geist zu arbeiten, erfährt eines Tages die Fülle des Lebens.

III

VON SEELEN UND KÖRPERN

Alle großen Eingeweihten, die dank ihrer Hellsichtigkeit ein authentisches Wissen über den Menschen und das Weltall besaßen, waren sich in einem Punkt einig: Die Seele – das Prinzip, das, wie der Name schon sagt, die Fähigkeit besitzt, den physischen Körper zu beleben – wird dem Menschen im Augenblick seiner Geburt nur zum Teil mitgegeben. Sie lässt sich in ihm etappenweise im Laufe seines Lebens nieder.

Seid also nicht erstaunt, dass die neuplatonischen Philosophen und sogar manche Kirchenväter versicherten, der Mensch besitze verschiedene Seelen. Die erste – vitale Seele genannt – ist rein vegetativ, sie steuert die physiologischen Vorgänge: Ernährung, Atmung, Kreislauf... die zweite, entwickeltere, wird »animalische« Seele genannt; die dritte Empfindungsseele, die vierte intellektuelle oder Vernunftseele. Zuletzt kommt die göttliche Seele, die reines Licht ist; sie wird nur von den Eingeweihten empfangen, die ihre Evolution beendet haben.

Zur vegetativen Seele, die als Erstes den Embryo im Bauch der Mutter belebt, gesellt sich im Alter von etwa sieben Jahren die sogenannte »animalische« bzw. Willensseele. Man glaubt gewöhnlich, dass die Seele sich im sogenannten »Alter der Vernunft« endgültig niederlässt. Nein, es handelt sich nur um die Willensseele. Von der Geburt an bis zum siebten Jahr ist das Kind ständig in Bewegung, geht, rennt herum, gestikuliert, und mit sieben Jahren, wenn sich die animalische Seele vollkommen in ihm niedergelassen hat, kann gesagt werden, dass es selbständig genug geworden ist, um seine Gesten beherrschen zu können.

Aber seit einiger Zeit begann bereits beim Kind ein neuer Zeitabschnitt, in dem das Gefühlsleben immer wichtiger wird. Die Empfindungsseele tritt nach und nach in Erscheinung. Mit ungefähr 14 Jahren – während der Pubertät – tritt die Empfindungsseele, nachdem sie ihre Reife erlangt hat, endgültig ein und drängt den jungen Menschen dazu, sich durch seine Empfindsamkeit führen zu lassen.

Aber zur gleichen Zeit entwickelt sich bei ihm auch die Fähigkeit nachzudenken und schließlich – mit ungefähr 21 Jahren – lässt sich die intellektuelle, rationale Seele nieder. Das will nicht heißen, dass vom einundzwanzigsten Lebensjahr an der Mensch automatisch weise und vernünftig wird, nein, denn gerade in diesem Lebensabschnitt kann er die größten Dummheiten seines Lebens anstellen! Aber zu dieser Zeit gelangt er in den Besitz des Begriffsvermögens und der Urteilskraft.

Was die göttliche Seele angeht, so hängt ihr Eintritt in uns von dem Leben ab, das wir beschlossen haben zu führen, und von unserem Verlangen, diese Seele zu empfangen. Was man Einweihung nennt, ist eben dieser Weg, den der Mensch durchlaufen muss, um seine göttliche Seele zu finden und sie anzuziehen, damit sie sich in ihm niederlässt und in ihm wohnt. Der Eingeweihte ist derjenige, der daran gearbeitet hat, alles in sich umzuwandeln, um seine göttliche Seele anziehen zu können; sein ganzes Wesen ist harmonisch geworden, und er schwingt im Einklang mit der kosmischen Intelligenz, zu deren Boten und Diener er wird.

Aber dies vermögen nur wenige ungewöhnliche Menschen, die durch viele Inkarnationen hindurch in diesem Sinne arbeiteten. Sie dachten an nichts anderes als sich wiederzufinden, sich zu verwirklichen, ihre göttliche Seele anzuziehen, um sie ganz zu offenbaren. Jahrelang haben sie sich durch Läuterungs- und Meditationsübungen, durch Gebet und Opfer vorbereitet, um ihr höheres Selbst, ihr göttliches Selbst anzuziehen. Wenn ihnen das gelingt, sagt man, dass sie den Heiligen Geist empfangen haben.

Auch die Kabbalisten meinen, dass der Mensch mehrere Seelen habe. Die Empfindungsseele oder astrale Seele, nennen sie Nephesch, die intellektuelle Seele Ruach, und die höheren Seelen Neschamah, Chaija und Jeschidad. Ihrerseits sprechen die Hindus nicht von Seelen, sondern von Körpern, was aber auch zutrifft, denn jedes Materialteilchen ist mit Energie beladen. Diese Energie ist das männliche Prinzip, und die Materie ist das weibliche Prinzip. Im ganzen Universum ist die Materie mit Energie beladen, also besitzt auch unser physischer Körper, der ja aus Materie besteht, eine Energie, und diese Energie nennt man eben Seele. Aber außer dem physischen Körper besitzt der Mensch noch andere, feinstofflichere Körper, und jeder hat seine eigene Seele: Für den physischen Körper ist es die vitale Seele und für den Mentalkörper die intellektuelle Seele; für die Kausal-, Buddhi- und Atmankörper gibt es noch drei höhere Seelen. Jeder Körper enthält also seine eigene Seele. Der Körper ist die Form, der Behälter, und die Seele die ihn belebende Energie. Beide sind untrennbar. Selbst die Natur, der Kosmos, ist ein Körper, der Körper Gottes, und auch er hat eine Seele, die Universalseele. Für mich ist das alles kristallklar.

Aber kehren wir zu den verschiedenen Körpern zurück. Die drei grundlegenden Tätigkeiten, durch

Von Seelen und Körpern

welche sich der Mensch äußert, sind das Denken (durch den Intellekt erzeugt), das Fühlen (ausgedrückt durch das Herz) und das Handeln (durch den physischen Körper ausgeführt). Glaubt nicht, dass allein der physische Körper aus Materie besteht: Auch Herz und Intellekt sind materielle Werkzeuge, nur mit dem Unterschied, dass ihre Materie feinstofflicher ist als die des physischen Körpers.

Eine lange esoterische Tradition lehrt, dass der Astralkörper der Träger, das Vehikel des Gefühls ist und der Mentalkörper das des Intellektes. Aber diese Dreiheit: Physischer Körper, Astralkörper und Mentalkörper machen lediglich unsere unvoll-

HÖHERE NATUR

Atmankörper	Göttlicher Wille
Buddhikörper	Göttliche Liebe
Kausalkörper	Göttliche Weisheit
Mentalkörper	Gedanken
Astralkörper	Gefühle
Physischer Körper	Wille

NIEDERE NATUR

kommene, menschliche Natur aus. Die gleichen Fähigkeiten des Denkens, Fühlens und Handelns finden sich in uns auf einer höheren Ebene wieder, und dort sind ihre Träger die Kausal-, Buddhi- und Atmankörper, die unser göttliches Selbst bilden. Die drei großen konzentrischen Kreise zeigen die Verbindungen auf, die zwischen niederen und höheren Körpern bestehen (s. Abbildung).

Der physische Körper, der die Kraft, den Willen und die Macht auf der materiellen Ebene darstellt, ist mit dem Atmankörper verbunden, der den göttlichen Willen und die göttliche Macht verkörpert.

Der Astralkörper vertritt die persönlichen, egoistischen Gefühle und Wünsche und ist mit dem Buddhikörper verbunden, der die göttliche Liebe darstellt.

Der Mentalkörper schließlich, der die gewöhnlichen eigennützigen Gedanken darstellt, ist mit dem Kausalkörper verbunden, der die göttliche Weisheit ausdrückt.

In unserem irdischen Ich sind wir also eine Dreiheit, die denkt, fühlt und handelt. Aber diese Dreiheit ist noch ein sehr schwaches Spiegelbild der anderen, himmlischen Dreiheit, die darauf wartet, sich mit uns zu vereinigen. Sicher vollzieht sich diese Verschmelzung eines Tages. Und das ist der verborgene Sinn des Salomonischen Siegels, dieses Symbols von tiefer Bedeutung, das übrigens schon lange vor Salomon bekannt war. Die Eingeweihten fassen oft psychische und geistige Wirklichkeiten von großer Tiefe in einem Symbol, einer sehr einfachen geometrischen Form, zusammen.

Der Mensch besteht also aus drei Körpern (man kann auch sagen: drei Seelen), die sein niederes Ich bilden und sich eines Tages mit den drei höheren Körpern (oder Seelen), die sein höheres Ich bilden, vereinen werden. Alle glücklichen oder unglücklichen Erfahrungen, die wir im Leben machen, haben in Wirklichkeit nur ein Ziel: zu unserem wahren Ich zurückzukehren. Gelingt es dem höheren und dem niederen Teil unseres Wesens, miteinander zu verschmelzen, dann vereinen sich Himmel und Erde und bringen Freude und Überfluss mit.

IV

HERZ, INTELLEKT, SEELE UND GEIST

I

An einer der bekanntesten Stellen der Evangelien fragt ein Schriftgelehrter Jesus, welches das erste aller Gebote sei, und Jesus antwortet: *»Du sollst den Herrn, deinen Gott, lieben von ganzem Herzen, von ganzer Seele und von ganzer Kraft...« (5. Mo und Mt 22,37).* Durch diese Worte stellte Jesus den Menschen als ein Wesen dar, das aus vier Prinzipien besteht: dem Herzen, dem Intellekt, der Seele und dem Geist. Das Wort »Kraft« steht hier für Geist, da nach der Einweihungslehre der Geist allein die wahre Kraft besitzt.

Um diese Worte richtig zu begreifen, muss man zunächst zwischen Herz und Seele sowie zwischen Intellekt und Geist unterscheiden. Herz und Seele sind die Träger unserer Emotionen, Gefühle und Wünsche. Aber während das Herz der Sitz der gewöhnlichen Gefühle und Emotionen ist, verbunden mit Qualen, Kummer, Sinnlichkeit, aber auch mit rein physischen Freuden und Vergnügen, ist die Seele der Sitz spiritueller und göttlicher Empfindungen und Regungen. Zwischen Intellekt und Geist besteht die gleiche Beziehung wie zwischen Herz und Seele. Der Intellekt ist der Sitz ganz gewöhnlicher Gedanken und Überlegungen, die nur auf die Befriedigung persönlicher Interessen und rein materieller Bedürfnisse hinzielen. Der Geist dagegen ist das Prinzip vollkommen selbstloser Gedanken und Aktivitäten.

Herz und Seele gehören zu ein und demselben Prinzip, dem weiblichen Prinzip, das sich entweder in einem niederen Bereich, dem Herzen, d. h. der Astralebene oder in einem höheren Bereich, der Seele, d. h. der Buddhi-Ebene, manifestieren kann. Intellekt und Geist sind ebenfalls aus einem einzigen Prinzip hervorgegangen, dem männlichen Prinzip, das sich in zwei Bereichen äußert, dem niederen – der Mentalebene oder dem höheren – der Kausalebene. Beide Prinzipien – Männlich und Weiblich – benutzen also vier Träger: Herz und Intellekt, Seele und Geist. Diese beiden Prinzipien und vier Träger wohnen in ein und demselben »Haus«: dem physischen Körper.

Zur Erläuterung dieser Frage, die für viele noch zu abstrakt bleibt, erzähle ich euch eine kleine Geschichte. Stellt euch ein Haus vor, in dem

Herz, Intellekt, Seele und Geist

die Hausbesitzer mit einem Diener und einer Dienerin zusammenleben. Ab und zu verreist der Hausherr, und seine Frau bleibt zu Hause; ein wenig traurig und lustlos wartet sie auf die Rückkehr ihres Gatten und achtet auf die Ordnung im Haus. Und wenn der Gatte mit Geschenken beladen zurückkommt, gibt es ein großes Fest im Haus. Gelegentlich verreisen beide für längere Zeit, so bleiben Diener und Dienerin allein und ohne Aufsicht, und sie beschließen, ihre Freiheit auszunutzen: Sie beginnen die Schränke durchzusehen und entdecken darin allerlei leckere Dinge. Und da es viel lustiger ist, ein Fest in größerer Gesellschaft zu feiern, laden sie Nachbarn und Nachbarinnen ein... Nachdem es so einige Stunden lang hoch hergegangen ist, gibt es natürlich umgestürzte Tische und Flaschen und sogar Verletzte. Wenn die Herrschaften zurückkommen, sind sie natürlich über das Spektakel entsetzt, schimpfen, erlegen Strafen auf, stellen die Ordnung im Hause wieder her, und dann geht alles wieder seinen rechten Gang.

Legen wir nun diese kleine Geschichte aus. Das Haus ist der physische Körper; die Dienerin ist das Herz, der Diener der Intellekt; die Hausherrin ist die Seele und der Hausherr der Geist. Häufig verlässt uns der Geist, und unsere Seele fühlt sich verlassen, kehrt er aber wieder zurück, bringt er Inspirationen und viel Licht mit. Wenn Seele und Geist gemeinsam auf Reisen gehen, beeilen sich Herz und Intellekt, allerlei Dummheiten zu begehen... in Gesellschaft von anderen Herzen und Intellekten!

Wenn wir noch etwas bei diesem Bild verweilen, entdecken wir die jeweiligen Rollen von Herz, Intellekt, Seele und Geist. Ihr wisst, dass eine Dienerin meistens im Dienste der Hausherrin steht, während der Diener sich um den Hausherrn kümmert. Die Hausbesitzer sind durch ihr Leben, Verhalten, ihre Sorgen von den Dienern getrennt, und sie vertrauen ihnen nicht immer die Geheimnisse ihrer Geschäfte oder ihrer Pläne an. Genauso handeln auch Seele und Geist, ohne ihre Absichten dem Herzen und dem Intellekt mitzuteilen.

Aber wenn die Dienerin durch untadeliges Verhalten das vollkommene Vertrauen ihrer Herrin erlangt, erzählt ihr diese bei Gelegenheit von ihren Plänen, ihrem Glück, von der Liebe, die sie für ihren Gatten – den Geist – empfindet. Dann ist die Dienerin – das Herz – voller Freude über diese vertraulichen Mitteilungen. Wenn der Diener durch seine Arbeit das Vertrauen seines Herrn erlangt, beginnt dieser ihm ebenfalls von seinen Plänen zu erzählen, und so wird der Diener – der Intellekt – aufgeklärter und scharfsinniger. Aber das geschieht nur, wenn Diener und Dienerin gemeinsam in vollkommener Harmonie im Dienste ihrer

Herz, Intellekt, Seele und Geist

Herrschaften leben. Wenn sie nicht im Einklang sind und den Wünschen des einen oder anderen entgegenstehen, stören sie die Arbeit von Seele und Geist. Dieses Bild enthält vielfältige Kombinations- und Anwendungsmöglichkeiten, über die ihr meditieren sollt, denn alle Zustände – Gesundheit oder Krankheit, Glück und Leid – können durch die Beziehungen zwischen diesen vier Bewohnern des Hauses »Mensch« erklärt werden.

Folgendes wird also deutlich: Das Paar Herz-Intellekt ist auf niederer Ebene eine Spiegelung des Paares Seele-Geist. Intellekt und Geist sind männliche Prinzipien, Herz und Seele weibliche. Kinder entstehen aus der Verbindung von beiden Prinzipien Herz-Intellekt und Seele-Geist. Die Verbindung von Herz und Intellekt ruft Handlungen auf der physischen Ebene hervor, wohingegen die Verbindung von Seele und Geist Handlungen auf göttlicher Ebene hervorruft.

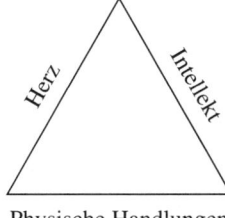
Physische Handlungen

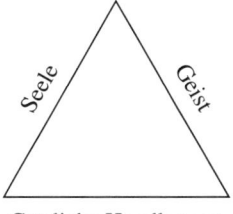
Göttliche Handlungen

Die zwischen diesen vier Prinzipien bestehende Verbindung erklärt uns, warum das Herz und der Intellekt nur Dummheiten begehen können, wenn sie sich der Seele (welche die göttliche Liebe repräsentiert) und dem Geist (welcher die göttliche Weisheit repräsentiert) nicht unterordnen. Haben Herz und Intellekt an Liebe und Weisheit zugenommen, dann werden sie zu Gotteskindern; vorerst sind sie jedoch nichts weiter als Hausangestellte. Der Sohn führt all das aus, was sein Vater ihm aufträgt, und die Tochter all das, was ihre Mutter von ihr verlangt. Wenn also Herz und Intellekt den göttlichen Willen ausführen, werden sie Sohn und Tochter Gottes. Solange sie ungehorsam sind und voller Zweifel, Argwohn, Unruhe oder Auflehnung, sind sie nicht Kinder Gottes, sondern nur Menschenkinder.

Wenn der Intellekt nicht durch das Licht des Geistes geläutert ist, wird er zum Opfer des Hochmuts. Wenn das Herz nicht durch die Wärme der Seele geläutert ist, gerät es in Unordnung und lässt sich auf Leidenschaften ein. Und der große Irrtum der Menschen ist gerade, die Verbindungen zwischen den niederen Bereichen von Herz und Intellekt und den erhabenen Bereichen von Seele und Geist unterbrochen zu haben; ohne diese Verbindung sind ihr Herz und ihr Intellekt verwüstet und gequält. Nur eins kann sie retten: dass sie zu ihren Herrschaften zurückfinden und ihnen als gute Die-

Herz, Intellekt, Seele und Geist

ner dienen. Dann lässt die Seele ihre göttliche Liebe durch das Herz hindurchströmen, und der Geist offenbart seine göttliche Weisheit durch den Intellekt.

»Du sollst den Herrn, deinen Gott, lieben von ganzem Herzen, von ganzer Seele und mit all deiner Kraft«: Jesus verstand darunter, dass alle Fähigkeiten des Menschen in den Dienst Gottes gestellt werden sollen. Aber wie? Meister Peter Deunov sagte: *»Das Herz sei rein wie ein Kristall, der Verstand leuchtend wie die Sonne, die Seele weit wie das All, der Geist mächtig wie Gott und eins mit Gott.«* Das heißt, dass wir den Herrn mit der Reinheit unseres Herzens lieben sollen, mit dem Licht unseres Verstandes, mit der unendlichen Weite unserer Seele und mit der Kraft unseres Geistes.

Das Herz muss rein sein, das heißt frei von egoistischen Gefühlen, von allen Wünschen und Begehren, die es in einen Sumpf verwandeln, es quälen und daran hindern, den Himmel widerzuspiegeln. Der Intellekt muss strahlend sein, damit er den Weg erhellt. Die Seele muss weit sein: Die Liebe ist es, welche die Seele ausdehnt, sie weitet; wenn ihr voller Liebe seid, habt ihr das Gefühl, ihr könntet das gesamte Universum umarmen. Der Geist wird mächtig, wenn er sich mit dem Schöpfer verbindet, denn die wahre Kraft kommt aus göttlicher Quelle. Leider stellt man diese Fähigkeiten, die man in den Dienst Gottes stellen sollte, oft in den Dienst anderer Menschen, und dann ist man verloren.

Jemand sucht euch auf und sagt: »Lieber Freund, gib mir dein Herz, ich brauche es.« Ihr werdet euch vielleicht zunächst weigern, aber er jammert, fleht euch an, einen Tag, eine Woche, einen Monat, und schließlich gebt ihr ihm euer Herz. Da geht er nun mit zwei Herzen herum, ihr aber habt keines mehr... Ein anderer verlangt euren Intellekt, den er angeblich zum Arbeiten brauche. Nach einigen Wochen hartnäckigen Verlangens, erlangt er ihn, und ihr seid eures Intellektes beraubt. Ein anderer kommt und meint: »Ich liebe deine Seele sehr, gib sie mir!« Ihr gebt sie und seid ihrer beraubt. Endlich kommt jemand, der euren Geist fordert. Auch da gebt ihr schließlich nach... auf diese Weise verschafft ihr euch den Ruf, barmherzig zu sein...!

Ihr seid erstaunt? Ihr glaubt, dass es nicht möglich ist, jemandem sein Herz, seinen Intellekt, seine Seele oder seinen Geist zu geben? Doch, das ist sehr wohl möglich, und ihr werdet entsetzt sein, wenn ich euch sage, dass nur sehr wenige Menschen ihr Herz oder ihren Intellekt nicht für Geld, Vergnügungen, Macht oder Ruhm hergegeben oder verkauft haben. Und die niederen Wesenheiten der unsichtbaren Welt haben auch ein Interesse daran, sich des Herzens, des Intellektes, der Seele und des Geistes der Menschen zu bemächtigen,

Herz, Intellekt, Seele und Geist

um diese für ihre finsteren Machenschaften zu benutzen. In Wirklichkeit gelingt es diesen Wesen niemals, etwas anderes als das Herz und den Intellekt zu unterwerfen; Seele und Geist entkommen ihnen, weil sie aus höherer, göttlicher Essenz sind. Wenn es aber geschieht, dass sie dennoch für eine Zeit gefesselt sind, dann wegen ihrer Verbindung mit dem Herzen und dem Intellekt, denn diese stehen der Materie näher und sind niederen Strömungen gegenüber empfindlicher. Aber das ist nicht von Dauer, denn Seele und Geist sind frei und unverletzlich. Außer in dem Fall allerdings, wo ein Mensch bewusst und endgültig mit dem Teufel paktiert.

Aber auch die höheren Geister wollen sich durch die Menschen hindurch offenbaren. Jene Geister bilden Hierarchien von Engeln, Erzengeln bis hin zur Gottheit, und nur ihnen dürfen wir – und müssen wir sogar – unser Herz, unseren Intellekt, unsere Seele und unseren Geist anvertrauen. Von ihnen werden wir niemals beraubt, verletzt oder verlassen sein; man soll sie einladen und bitten, uns zum Ruhm Gottes und zum Ruhm seines Reiches dienen zu lassen.

Ihr wendet ein: »Was sollen wir aber tun, wenn uns jemand um unser Herz und unseren Verstand bittet?« Nun, das ist sehr einfach. Stellt euch vor, ihr hättet eine Geige: Sie ist auf euren Rhythmus, eure Schwingungen eingestimmt, aber da kommt jemand, der sie von euch verlangt. Ihr sollt ihm antworten: »Lieber Freund, ich gebe dir die Musik, die meine Geige hervorbringt, aber die Geige gehört mir, ich behalte sie, sie ist nicht für dich bestimmt.« Nehmt ferner an, ihr hättet viel Geld auf der Bank. Sollte jemand dies von euch verlangen, dann sagt ihr ihm: »Lieber Freund, ich gebe dir die Zinsen von diesem Geld, aber ich behalte das Kapital, damit es weiter etwas einbringt.« Oder auch: Ihr habt einen Obstbaum in eurem Garten und jemand wünscht, dass ihr ihn herausreißt, um ihn bei sich einzupflanzen. Ihr werdet ihm sagen: »Ich lasse diesen Baum in meinem Garten, in dem er sich wohlfühlt, stehen, aber du kannst jederzeit hierherkommen und von seinen Früchten essen so viel du willst. Ich gebe dir sogar einen Pfropfzweig, damit du ihn in deinem Garten pflanzt, mehr aber nicht.« Nehmen wir weiterhin an, ihr hättet ein außergewöhnlich seltenes und wertvolles Buch, und – die gleiche Geschichte sich wiederholend – man würde euch bitten, es herzugeben. Ihr sagt: »Du darfst jederzeit zu mir kommen, um es zu lesen oder abzuschreiben, aber das Buch bleibt in meinem Bücherschrank, weil es dort hingehört.« Auf diese Weise gebt ihr allen etwas auf, ihr holt sie aus der Trägheit heraus. Jeder entwickelt sich, und alle sind zufrieden.

Es liegt nun an euch, eine Verbindung herzustellen zwischen diesen Beispielen und dem, was

Herz, Intellekt, Seele und Geist

ihr aus eurem Herzen, aus eurem Intellekt, aus eurer Seele und eurem Geist hergeben könnt. Gebt euer Herz nicht her, nur eure Gefühle; gebt euren Intellekt nicht her, sondern eure Gedanken. Gebt eure Seele nicht her, sondern die Liebe, die ihr entströmt. Gebt euren Geist nicht her, sondern die wohltätigen Kräfte, die ihm entspringen.

II

Wenn ich euch frage: »Kennt ihr die vier Grundrechenarten?« antwortet ihr mir: »Sicherlich, wir können addieren, subtrahieren, multiplizieren und dividieren.« Nun, so ganz sicher ist das nicht, denn die Grundrechenarten sind äußerst schwer auszuführen. Habt ihr nicht schon einmal deswegen gelitten, weil ihr eine unbesonnene Addition mit jemandem ausgeführt hattet und danach nicht wusstet, wie die Subtraktion durchzuführen war? Das Herz ist es, das addiert; das Herz kann nur addieren, es fügt immer hinzu, da es alles vermischt. Derjenige, der subtrahiert, ist der Intellekt. Die Seele aber multipliziert, und der Geist dividiert.

Betrachtet den Lebensweg eines Menschen. Als Kind greift er nach allen Gegenständen; ob gut oder schlecht, er sammelt, lutscht und isst alles, selbst das, was ihm schaden kann. Die Kindheit ist die Zeit des Herzens, der ersten Rechenart, der Ad-

Herz, Intellekt, Seele und Geist 49

dition. Beim Heranwachsen beginnt der Intellekt sich zu manifestieren, und das Kind lehnt alles ab, was ihm unnütz, unangenehm und schädlich erscheint: Es subtrahiert. Später begibt sich der Mensch in die Multiplikation: Sein Leben füllt sich mit Frauen, Kindern, allen möglichen Geschäften. Im Alter endlich denkt er daran, dass er bald in die andere Welt hinübergehen wird, und er schreibt sein Testament, um seine Güter diesem oder jenem zu überlassen: er dividiert.

Zu Beginn sammelt man, später wirft man vieles weg. Dann muss das Wertvolle eingepflanzt werden, damit es sich vervielfacht. Wenn wir es nicht verstehen, Gedanken und Gefühle einzupflanzen, verstehen wir nichts von der wahren Multiplikation. Gelingt uns das Pflanzen, dann vollzieht sich eine Vervielfachung, wir erzielen eine gute Ernte, und danach können wir dividieren, d. h. die gesammelten Früchte verteilen.

Im Leben stehen wir ständig den vier Grundrechenarten gegenüber. Ob etwas unser Herz bewegt, das wir nicht »subtrahieren« können oder ob unser Intellekt einen wahren Freund unter dem Vorwand abweist, er sei weder gelehrt noch hochgestellt. Manchmal vervielfachen wir das Schlechte und versäumen, das Gute einzupflanzen. Man muss also damit beginnen, sich mit den vier Grundrechenarten im alltäglichen Leben zu befassen. Später gibt es noch andere zu lernen: Potenzen,

Quadratwurzeln, Logarithmen usw. Aber vorerst begnügen wir uns mit dem Erlernen der vier Grundrechenarten, denn bis jetzt haben wir noch nicht einmal gelernt, richtig zu addieren und zu subtrahieren. Manchmal addieren wir, weil wir bereit sind, einen unmoralischen Wunsch zu nähren oder wir verjagen einen guten Gedanken, ein hohes Ideal aus unserem Kopf, weil der Erstbeste uns erklärt, dass wir mit solchen Gedanken hungers sterben werden. Ihr seht also, was noch alles zu lernen ist!

Herz, Intellekt, Seele und Geist wohnen zusammen im gleichen Haus – dem physischen Körper. Manchmal erheben sie sich, streiten sich, aber sie sind zum Zusammenleben gezwungen, sie können sich nicht trennen. Und jeder arbeitet auf seine Weise an dem »Haus«, d. h. am ganzen Körper, an den Aufgaben, den Organen, selbst am Gesicht. Wenn jemand zunimmt, bedeutet das, dass bei ihm das Herz dominiert, da das Herz nur addiert. Abnehmen hingegen deutet auf die Dominanz des Intellektes hin, was in bestimmten Fällen vorteilhaft ist, in anderen hingegen nicht.

Früher war man gerne füllig; gegenwärtig ist es Mode, schlanker zu sein. In jeder Modetendenz liegt eine Gefahr. Jemand, der viel Herz hat, neigt zum Dickwerden, er ist gut gelaunt, jovial, magnetisch; in ihm setzt sich das Herz durch, es strömt über. Aber manchmal führt dieses Übermaß zur

Herz, Intellekt, Seele und Geist

Trägheit. Wer dicker wird, will nicht mehr gehen oder Anstrengungen oder neue Erfahrungen machen: Sein Herz gestattet es ihm nicht mehr.

Dominiert der Intellekt, dann nimmt man ab. Der Intellekt ist mit Elektrizität verbunden. Deren abstoßende Vibrationen vertreiben die Materieteilchen, und so nimmt man ab. Denken ist also ein Heilmittel gegen Leibesfülle. Jeden Tag werben Zeitungen und Magazine für Abmagerungsmittel, die gefährlich und sehr teuer sind; ich hingegen rate euch eines, das sehr wirksam und preiswert ist: denkt! Ja, denkt etwas mehr, und ihr werdet schlanker. Und wer mager ist und zunehmen will, soll seinem Herzen Arbeit aufgeben, damit es ruhiger, großzügiger, freundlicher wird. Um das Gleichgewicht herzustellen, müssen Intellekt und Herz mit gleicher Intensität arbeiten. Es ist nicht gut, wenn das Herz oder der Intellekt dominiert, besonders der Intellekt, denn durch das viele Subtrahieren unterdrückt er alles, und es bleibt nichts mehr übrig, weder Güte noch Gerechtigkeit, noch Ehrlichkeit, weder Vorsehung noch Seele, noch die Existenz Gottes. Der Intellekt lässt die Menschen verarmen und austrocknen.

Die vier Prinzipien: Herz, Intellekt, Seele und Geist wirken auch auf unser Gesicht ein, an dem jedes eine bestimmte Arbeit erfüllt. Das Herz nimmt sich des Mundes an; die Form unseres

Mundes ist das Ergebnis der guten oder schlechten Arbeit unseres Herzens, unserer Gefühle. Der Mund offenbart die Herzensqualitäten; er ist ein sichtbares Abbild des Herzens, das sich sonst verborgen hält. Der Intellekt arbeitet an der Nase oder anders gesagt, er ist das unsichtbare Modell, nach dem die Nase geformt wurde. Je nach Länge der Nase, ihrer hohen oder niedrigen Position im Gesicht, ihrer spitzen oder runden Form, ihrer Farbe usw. kann man die intellektuellen Besonderheiten einer Person erkennen. Die Seele befasst sich mit den Augen: Man kann an ihnen alle Kräfte oder Schwächen einer Seele erkennen. Der Geist arbeitet an der Stirn: Die Stirn offenbart den Edelmut, die Macht, die hohen Qualitäten des Geistes, aber auch die Laster, die ihn daran hindern, sich zu offenbaren.

Durch Seele und Herz geformt, sind Augen und Mund zwei weibliche Elemente. Da Stirn und Nase durch Geist und Intellekt geformt sind, stellen sie zwei männliche Elemente dar. Wir haben hier also zwei Mütter und zwei Väter; die Kinder sind noch zu finden, denn ihre Gegenwart entspricht den Gesetzen der Natur. Das Ausbleiben von Kindern beweist, dass das weibliche und männliche Prinzip nicht miteinander verbunden sind. Die Elemente einer einfachen Mischung lassen sich trennen, aber die einer chemischen Verbindung nicht. Wenn Sauerstoff und Wasserstoff

Herz, Intellekt, Seele und Geist

nur einfach vermischt werden, ergibt das noch kein Wasser. Dazu müssen sie miteinander verbunden sein. Die Natur verlangt nach Kindern, sonst gibt es keine Freude. Kinder sind wie das Wasser, sie sind die Frucht einer Verbindung zweier Wesen. Das gleiche Phänomen vollzieht sich in uns: Herz und Intellekt, Seele und Geist bringen auf der physischen Ebene ein Kind hervor. Das Kind des Herzens und des Intellektes (Mund und Nase) ist das Kinn; das Kind der Seele und des Geistes (Augen und Stirn) ist der obere Teil des Schädels.

Das Kinn – ein Kind von Herz und Intellekt – offenbart uns den Willen, die Widerstandskraft eines Menschen, seine Fähigkeit auf der physischen Ebene zu handeln; seine Form (rund oder eckig, vorspringend oder fliehend) gibt viele wertvolle Hinweise. Das Kind von Seele und Geist ist das höhere, auf dem Scheitel gelegene Zentrum: Es drückt die Fähigkeit aus, den göttlichen Willen auszuführen, die Ausdauer im Streben nach dem göttlichen Ideal.

Die vier von der Physik erforschten Grundphänomene: Wärme, Licht, Magnetismus und Elektrizität stehen ebenfalls in Verbindung mit Mund, Nase, Augen und Stirn. Der Mund ist mit der Wärme verbunden, die Nase mit der Elektrizität, die Augen mit dem Magnetismus, und die Stirn mit dem Licht. Der mit der Wärme verbundene Mund steht in Beziehung mit den Augen, die ihrerseits mit dem Magnetismus verbunden sind. Dies ist die Verbindung des Herzens mit der Seele. Die Augen sind wie ein Mund, der das Licht aufnimmt. Wie das Herz nährt sich die Seele von Empfindungen, aber von Empfindungen göttlicher Art. Durch die Augen nehmen wir eine höhere Nahrung auf – das Licht – wie wir durch den Mund die physische Nahrung aufnehmen. Und so wie die Nase Düfte unterscheidet, so unterscheidet auch der Intellekt dank des Lichtes der Weisheit das Gute vom Schlechten, während der mit der Stirn verbundene Geist in die höhere Welt schaut.

Sicher, es läuft nicht immer alles perfekt. Manchmal drückt der Mund nichts Gutes aus, denn das Herz ist kalt. Manche Frauen schminken sich die Lippen, warum? Um etwas vorzutäuschen. Sie haben ein kaltes Herz, aber sie möchten glauben machen, es sei warm. Instinktiv spüren sie, dass die Männer sie nach den Gesetzen der Physiognomie beurteilen, und um sie heranzulocken, malen sie sich die Lippen an. Das soll heißen: »Mein Herz glüht; wenn du mit mir kommst, kannst du dich erwärmen.« Aber oft wird denjenigen, die sich nähern, kalt statt warm, denn das Rote war nur äußerlich, nicht innerlich.

Wird die Nase zu elektrisch, so beweist das, dass ihr Eigentümer in seinem Intellekt Gedanken nährt, die ihn nervös und jähzornig machen: Wenn

Herz, Intellekt, Seele und Geist

die Elektrizität überwiegt, sagt man ja auch: »Es sprühen Funken!« Oder auch: »Ich habe die Nase voll davon«, was sehr gut die Verbindung zwischen Nervosität und Nase aufzeigt. An der Nase können wir die elektrischen Kräfte erkennen, die bei jemandem am Werke sind. Wenn die Nase im Gesicht vorherrscht, bedeutet das, dass die Person autoritär ist und dazu neigt, ihre Auffassung der Dinge durchzusetzen.

Die Augen weisen auf den Magnetismus hin. Es ist ratsam, sanft, ruhig und ohne Nachdruck zu blicken. Manchmal werden die Augen elektrisch und die Nase magnetisch, das ist nicht gut. Ihr müsst sanft, ruhig, voller Güte blicken, aber dabei das rechte Maß halten, denn wenn der Blick zu liebevoll ist, werden alle, die ihr anschaut, anfangen euch nachzulaufen!

Die Stirn ist mit dem Licht verbunden. Wenn die Stirn warm wird, anstatt leuchtend und kalt zu bleiben, wird man krank. Aber Wärme und Licht unterhalten gute Beziehungen miteinander: Wenn ihr weise und vernünftig denkt, kann euer Mund herzliche Worte sprechen, die die Herzen erwärmen und wiederbeleben.

Unser Gesicht weist also Aufschluss gebende Zeichen auf: Kinn, Mund, Nase usw., die durch Form, Farbe oder Emanationen unsere Eigenschaften und unsere Schwächen aufzeigen: Alles ist dort gut lesbar aufgezeichnet.

Betrachten wir noch einen anderen Aspekt dieser Frage. Wenn das Kind sehr klein ist, äußert es sich durch Bewegungen, aber da es noch nicht die notwendige Willenskraft besitzt, seine Schritte richtig zu lenken, sich zu beherrschen, ist sein Kinn weder entwickelt noch ausgebildet. Wenn es größer wird, beginnt es zu fühlen, zu empfinden und sich allerlei zu wünschen (der Mund); erwachsen geworden, lernt der Mensch nachzudenken, zu unterscheiden (die Nase); später macht er sich daran, alles Gute und Nützliche im Leben zu vervielfachen, er arbeitet mit seiner Seele (den Augen). Im Alter lebt er schließlich in seinem Geist, denkt nach und zieht Schlüsse aus allen Ereignissen seines Lebens (die Stirn).

Wir können also auch die schicksalhafte Entwicklung eines Menschen erkennen an seinem Mund, seiner Nase, seinen Augen und seiner Stirn. Wenn Mund, Nase und Augen bei jemandem anmutig sind, die Stirn aber nichts Gutes verheißt, dann wird er in den ersten drei Perioden seines Lebens seine guten Eigenschaften entwickeln und zum Ausdruck bringen; aber später, im Alter, wird er Egoismus, Härte, Zynismus zeigen und kommt sogar dahin, die Existenz Gottes zu leugnen, wie dies manchmal zu beobachten ist. Wenn die Stirn nicht gemäß den geistigen Gesetzen geformt ist, wird man im reifen Alter alles zerstören, was man

Herz, Intellekt, Seele und Geist

zuvor schuf. Wenn bei einem Menschen Kinn, Mund und Nase schlecht beschaffen sind, die Augen jedoch besser und die Stirn sehr schön, so zeigt das, dass er in der Kindheit, sowie in der Jugend und im Erwachsenenalter ein armseliges und sogar ungeregeltes Leben führen wird, sich aber zum Alter hin unter dem Einfluss höherer, geistiger Elemente ändern wird. Die in der Stirn liegenden Schätze kommen erst viel später – gegen Lebensende – zum Vorschein.

Aber setzen wir unsere Überlegungen fort... Der Mensch kann nur existieren, weil er isst (fester Zustand), trinkt (flüssiger Zustand), atmet (gasförmiger Zustand) und Wärme und Licht aufnimmt (feuriger Zustand).

In unseren täglichen Aktivitäten entspricht der feste Zustand den Handlungen, der flüssige den Gefühlen, der gasförmige den geistigen und seelischen Aktivitäten. Jedem dieser mit den vier Elementen verbundenen Zustände entsprechen bestimmte Naturerscheinungen. Dem festen Zustand: Erdbeben, dem flüssigen Zustand: Gewitter und Überschwemmungen; dem gasförmigen Zustand: Orkane und schwere Stürme; dem feurigen Zustand: Brände. Wir finden diese Naturerscheinungen in unserem täglichen Leben wieder, wo wir ständig – sei es physisch oder symbolisch – den Prüfungen durch Erde, Wasser, Luft und Feuer ausgesetzt sind.

Erdstöße, Gewitter, Stürme und Brände werden uns geschickt, um nachzuprüfen, inwieweit wir verstanden haben, was für eine Arbeit wir mit unserem physischen Körper, unserem Herzen, unserem Intellekt, unserer Seele und unserem Geist ausführen sollen.

Nur um den Preis dieser Arbeit werden Friede, Glück und Freiheit unter den Menschen herrschen. Wenn jeder weiterhin von Glück und Frieden spricht, ohne etwas zu tun, um sich zu ändern, wird niemals etwas besser werden. Nur dank der Menschen, die ernsthaft an sich selbst arbeiten, kann der Friede in die Welt kommen. Wer den Frieden zwischen den verschiedenen Elementen seines Wesens herstellt, der arbeitet wirklich für den Frieden. Zur Zeit herrscht eine schreckliche Disharmonie zwischen all diesen Elementen, und der äußere Krieg ist nur die Folge des inneren Krieges.

Im Evangelium heißt es: *»Baut euer Haus auf Fels.«* Der Felsen bedeutet ein festes Fundament. Was ist dieser Felsen? Für das Herz die Lauterkeit, für den Intellekt die Weisheit, für die Seele die Liebe, für den Geist die Wahrheit.

III

In der Tradition der alten Perser heißt es: Eines Tages fragte Zarathustra den Gott Ahura Mazda, wie sich der erste Mensch ernährt habe. Ahura Mazda antwortete ihm: »Er aß Feuer und trank Licht.« Diesen tiefgründigen Satz haben sehr wenige Esoteriker deuten können, weil sie die Natur und die Aufgaben von Seele und Geist verkennen.

Die Seele hat Hunger und der Geist Durst. Die Seele isst Feuer, und der Geist trinkt Licht. Das Feuer ist ein männliches Prinzip, die Seele ein weibliches, und jeder ernährt sich von dem Element, das ihn ergänzt. Die Seele sehnt sich nach einem positiven, aktiven, dynamischen Prinzip und isst Feuer. Der männliche Geist braucht das weibliche Prinzip und trinkt Licht. In gleicher Weise wie das männliche Prinzip das weibliche Prinzip hervorbringt (darum heißt es in der Genesis, Eva sei aus einer Rippe Adams geschaffen worden), so bringt das Feuer Licht hervor.

Am Anfang schuf Gott das ursprüngliche Feuer, das Licht, von dem es heißt, es habe die Welt erschaffen. Das Licht ist die Kleidung des Feuers, darum unterhält das Licht eine ständige Beziehung zur Materie. Oben, in den erhabenen Regionen, steht das Licht in Beziehung zur Materie und das Feuer zum Geist.

Die weibliche Seele nährt sich also vom männlichen Feuer, und der männliche Geist nährt sich vom weiblichen Licht. Desgleichen bevorzugt der Intellekt, der Sohn des Geistes auf einer niederen Ebene, eine weibliche Nahrung: den Gedanken; und das weibliche Herz bevorzugt eine männliche Nahrung: das Gefühl. Das Gefühl ist eine dynamische Kraft, ein anderes Feuer, das in den niederen Regionen in Erscheinung tritt. Es ist ein umgekehrtes Feuer, d. h. ein Wasser. Betrachtet fließende Gewässer wie Bäche, Wildbäche, Wasserfälle: Sie haben die gleiche Form wie das Feuer oder umgekehrt: Das Wasser ist nichts anderes als ein Feuer, das nach unten stürzt. Der Intellekt dagegen nährt sich vom Gedanken, der weiblicher Natur ist. Das Denken ist nicht so aktiv und dynamisch wie das Gefühl, und darum wird es auch nicht so sehr als eine Wirklichkeit erkannt. Was für eine Wirkung hat ein Gedanke im Vergleich zu einem Gefühl? Er ist schwach, ruft keine physische Wirkung hervor, er verursacht keine Erschütterungen, während das Gefühl eine ungeheure, unwiderstehliche Kraft ist,

Herz, Intellekt, Seele und Geist

welche die Materie in Bewegung setzt. In Wirklichkeit haben Denken und Gefühl die gleiche Kraft, aber auf verschiedenen Ebenen. Das Wasser scheint sanft und gefügig zu sein: Ihr könnt mit ihm machen, was ihr wollt; ihr nehmt es in die Hand, und es fließt, ohne euch Schmerzen zuzufügen. Das Feuer dagegen...! Und doch ist das Wasser genauso mächtig wie das Feuer, aber unter anderen Bedingungen.

Das Herz nährt sich von Gefühlen, und der Intellekt nährt sich von Gedanken. Aber in beiden Regionen von Herz und Intellekt herrscht keine Reinheit, ständig muss man Schlechtes von Gutem trennen, muss immer Schmutz und Schlacken entfernen. Reinheit findet man nur oben, im Bereich von Seele und Geist.

Die Seele nährt sich von Feuer, und der Geist nährt sich von Licht. Die Seele strebt nach dem Geist, sie nährt sich vom Feuer des Geistes. Und der Geist, der Feuer ist, nährt sich vom Licht der Seele. Bewahrt von nun an immer diesen Gedanken in euch: Der kosmische Geist ist Feuer, und die Universalseele ist Licht! Konzentriert euch in euren Meditationen allein auf diese männlichen und weiblichen Prinzipien in ihren höchsten Aspekten: die Liebe (das Feuer) und die Weisheit (das Licht)!

V

DIE SCHULUNG DES WILLENS

Es gibt Menschen mit einem ungeheuer starken Willen, denen es jedoch nicht gelingt, ihre Gesten, Gefühle oder Gedanken zu kontrollieren. Das zeigt eben, dass der Wille allein nicht genügt.

Hierfür ein Beispiel. Ihr wollt mit einer Maschine richtig umgehen können: So stark euer Wille auch ist, ihr bringt es nicht fertig. Soll es euch gelingen, dann müsst ihr wissen, wie sie läuft und auf welchen Knopf ihr drücken müsst, um sie in Gang zu setzen oder anzuhalten. Beherrschung schließt Wissen ein: Man muss wissen, auf welchen Knopf zu drücken ist, um die Energie freizusetzen, welche die Maschine antreibt, und dort eingreifen. Läuft die Maschine erst einmal, wird sie nicht von selbst anhalten, es sei denn, ihr wisst, wie sie zu stoppen ist. Versucht ihr es dennoch, ohne das zu wissen, so wird sie euch entweder zerreißen oder aber ihr werdet sie zerschlagen müssen.

Dieses Gesetz gilt auch für das innere Leben. Bekämpft nicht direkt eine Energie, die euch stört, denn das führt zu nichts; und wenn ihr es dennoch mehrmals erfolglos versucht, werdet ihr es aufgeben müssen im Glauben, es sei doch nicht zu schaffen. Nein, man soll den Kampf nicht aufgeben, man muss nur wissen, dass man Triebe, Instinkte, nicht direkt bekämpfen soll. Wenn man glühende Holzscheite anfassen will, greift man nicht mit den Händen direkt ins Feuer, man nimmt eine Feuerzange. Wenn irgendwo Wasser oder Gas ausströmt, dreht man den Haupthahn zu. Zugegeben: Der Wille ist nötig, aber das Wissen muss vorangehen. Solange man seinen Willen nach allen Richtungen verausgabt, ohne durch Kenntnisse aufgeklärt und geführt zu sein, verschwendet man unnütz seine Energie.

Um Gesten, Gefühle und Gedanken beherrschen zu können, muss man sehr früh mit winzigen Einzelheiten des täglichen Lebens beginnen. Nur so wird es möglich, die psychischen Fähigkeiten zu entwickeln, die es später ermöglichen, größere Kräfte zu beherrschen. Ihr werdet sagen, dass ihr den Zusammenhang nicht erkennt. Nun, gerade da liegt der Irrtum! Solange man nicht lernt, den Willen in den geringsten Gesten des täglichen Lebens zu üben, vermag man auch nicht, den Hass, die Wut, die Bosheit, die Abscheu, das Verlangen nach Vergeltung usw. zu beherrschen. Schon wenn

Die Schulung des Willens

ihr beim Essen aufmerksamer wäret, würdet ihr bemerkt haben, dass ihr nicht einmal fähig seid, eure Hände zu beherrschen. Ihr berührt Gabel, Messer... oder zerbröckelt Brot, ohne euch dessen bewusst zu sein. Beginnt damit, eure Hände beherrschen zu lernen. Wie wollt ihr es erreichen, Kräfte zu beherrschen, die euch übertreffen, wenn es euch noch nicht einmal gelingt, winzig kleine Bewegungen zu kontrollieren? Ihr wollt euch mit großen Dingen befassen? Nun gut, beginnt mit den kleinen, denn die kleinen sind es, welchen es eines Tages gelingt, die großen in Bewegung zu bringen.

Um bereits ausgelöste Kräfte zu beherrschen, muss man sich an ihren Ausgangspunkt zurückbegeben. Ein Beispiel: Aufständische werden am besten dadurch unter Kontrolle gebracht, dass ihr Führer festgenommen wird. Denn er ist es, der sie inspiriert, vorantreibt, und solange er lebendig oder frei ist, machen die anderen weiter. Ohne ihren Führer haben sie aber keine Lust mehr weiterzukämpfen. Bevor ihr euch also gegen ein Gefühl, eine Leidenschaft, eine Anziehung stürzt, gegen etwas, das euch bedrängt – was dieses nur verstärken kann –, müsst ihr euch sammeln und herausfinden, woher dieser Feind seine Kräfte schöpft. Wenn ihr euch so um Selbstbesinnung bemüht, zieht ihr schon aus eurer Seele, aus eurem Geist andere Kräfte an, um ihn zu bezwingen. Allein dank dieser Anstrengung, zu euch selbst zurückzukehren, wird euch schon die Unterstützung der göttlichen Welt zuteil.

Die Schulung der Selbstbeherrschung müsste schon in frühester Kindheit einsetzen. Die Eltern sollen sich dieser Aufgabe annehmen. Aber da sich die Eltern oft selbst nicht üben, um ihren Kindern als Vorbild zu dienen, was für Ergebnisse können sie da erzielen? Natürlich gelingt es einem, sich immerhin im gesellschaftlichen Leben ein wenig zu beherrschen – im eigenen Interesse, um das Ansehen nicht zu verlieren: Da gibt man ein wenig acht auf das, was man sagt (man möchte gerne laut fluchen, aber man beherrscht sich ja!), man verbirgt seine Gefühle, man wird sogar scheinheilig, aber im Inneren lässt man den schlimmsten Trieben freien Lauf, und alles ist wie vom Sturm verwüstet. Die wahre Selbstbeherrschung ist nichts Künstliches, sie ist keine Pose, die man bloß so annimmt, um den anderen Sand in die Augen zu streuen, sie ist eine innere, tiefverwurzelte Einstellung.

Solange ihr euch nicht beherrschen könnt, werden auch eure Zellen euch nicht gehorchen. Erst wenn sie euch als einen Meister anerkennen, unterwerfen sie sich euren Befehlen. Es ist allgemein bekannt, dass selbst ein Pferd spürt, wenn der Reiter ängstlich ist, und es freut sich, ihn zu Boden zu werfen; es sagt sich: »So, den habe ich erwischt!« Und es lacht! Tiere zittern nicht vor

Die Schulung des Willens

dem, der sich nicht beherrschen kann, weil sie spüren, dass er ein Schwächling ist; und sie beißen ihn oder geben ihm Tritte. Wie oft wurde berichtet, dass in den Wäldern Indiens Yogis stundenlang meditieren können, ohne dass wilde Tiere oder Schlangen ihnen etwas antun. Ja, die Tiere spüren, dass es Menschen sind, die sich beherrschen, und sie respektieren sie. Jedes Geschöpf hat einen angeborenen Sinn für Hierarchie. Wenn wilde Tiere spüren können, wie weit ihr spirituell entwickelt seid, dann umso mehr eure Zellen, die wie kleine intelligente Tiere sind.

In unserer Schule – prägt euch das bitte gut ein – werdet ihr nichts lernen als die Wissenschaft des Unbedeutenden...! Ja, die Wissenschaft des unendlich Kleinen, des unendlich Missachteten, Verstoßenen, Geringgeschätzten. Warum? Weil das unendlich Kleine euch die Tore zum unendlich Großen öffnet... Beginnt also mit der Beherrschung der Gesten und insbesondere der Hände. Sie stehen außerhalb eures Bewusstseinsfeldes, und das beweist, dass euer Wille nicht eurer Intelligenz untergeordnet ist. Man kann willig und aktiv sein, aber Wille und Aktivität bleiben unkontrolliert. Man begegnet mitunter sehr starken Menschen, von denen gesagt wird, sie seien »Naturgewalten«, doch sind sie unfähig, sich zu beherrschen. Zwar haben sie ungewöhnliche, aber unbeherrschte Kräfte, die der Gesellschaft schaden können. Jede Kraft muss beherrscht und gerichtet sein, damit sie nur günstige Folgen nach sich zieht.

Jetzt muss ich der Vollständigkeit halber hinzufügen, dass der Wille nicht nur von der Intelligenz und von Kenntnissen, sondern auch von der Liebe unterstützt werden soll. Der Wille ist das Kind von Intellekt und Herz, und um bei einem Unternehmen Erfolg zu haben, genügt das Wissen nicht. Wer im spirituellen Leben Erfolg erzielen will, hat kaum gute Aussichten, wenn seine Anstrengungen nicht von der Liebe zu etwas Höherem, Edlerem, Schönerem gefördert werden. Die Liebe ist es, die ihm siegen hilft.

Wenn ich sehe, wie sich jemand einbildet, er könne allein mit seinem Willen dem Drängen seiner niederen Natur widerstehen, denke ich: »Ach, der Arme, er weiß nicht, was ihn erwartet.« Man sagt sich: »Nie wieder!« und kurz darauf ist es schon geschehen. So etwas dürft ihr niemals sagen, weil ihr damit die Bewohner der Astralwelt herausfordert, die dann denken: »Warte nur, warte nur!« und sie locken euch in kleine Fallen hinein. So tut man oft genau das Gegenteil von dem, was man feierlich versichert und versprochen hatte. Sehe ich also jemanden, der sich rühmt, den Versuchungen widerstehen zu können, ohne Liebe für den Himmel zu empfinden, dann kann ich ihm sagen: »Du hast keine Verbündeten, du hast keine Freunde, du wirst unterliegen.«

Die Schulung des Willens

Ihr solltet also zunächst die himmlischen Wesenheiten einladen, damit sie sich bei euch aufhalten, und dann werden die Zellen beginnen sich unterzuordnen, euch zu gehorchen, weil sich über euch ein machtvolles Wesen befindet, das euch beisteht. Aber wie wollt ihr ohne die Unterstützung von Verbündeten dieser Jahrtausende alten Kraft, die euch bewohnt, entgegentreten? Niemand kann ihr widerstehen. Das hat euch eben noch niemand erklärt. Man kämpft und kämpft, und dann wird man krank! Wenn ihr kämpft, seid ihr gespalten, zerrissen, und das ist sehr gefährlich. Ein Eingeweihter kämpft niemals, er mobilisiert die negativen Kräfte und spannt sie für seine Arbeit ein. Dank der Liebe, die er für etwas Besseres, Intelligenteres, Sinnvolleres empfindet, reißt er diese Kräfte mit. Ein Eingeweihter geht nicht zugrunde, weil er nicht kämpft, wie es die anderen tun: Nein, er arbeitet, organisiert, reißt mit, und gerade das ist das wahre Können.

Man darf nicht allein auf die eigenen Kräfte, den eigenen Willen zählen. Der Wille ist mit der Liebe verbunden. Wenn ihr keine Liebe für etwas empfindet, werdet ihr keine Lust verspüren, für seine Verwirklichung zu arbeiten. Ihr würdet euch gezwungen fühlen, und wenn man gezwungen ist, läuft nichts richtig. Wenn ihr aber etwas liebt, ist der Wille da, um euch anzutreiben, das Geliebte zu suchen und zu finden. Man sollte also eine Verbindung mit den himmlischen Wesenheiten herstellen, sie als Verbündete, als Freunde gewinnen, denn stützt sich der Wille erst einmal auf Liebe, aber wahre, erhabene Liebe, dann hindert sie die schädlichen Kräfte daran, euch zu unterjochen.

Dasselbe sagte ich euch schon in Bezug auf die Schönheit. Ja, wie die Liebe kann auch die Schönheit retten. Nicht so sehr die physische Schönheit als die spirituelle Schönheit, die zugleich Lauterkeit, Harmonie, Intelligenz, Vollkommenheit ist – die göttliche Schönheit. Wenn ihr ein Gefühl für diese Schönheit habt, werdet ihr euch nicht mehr in den Sümpfen verlieren. Wer wunderschöne Kleider trägt, wird nicht Zimmer sauber machen, Geschirr spülen oder Wäsche waschen, weil er weiß, dass er sich dabei beschmutzt. Wer aber bereits alte schmutzige Kleider trägt, wird sich mit Vergnügen weiter beschmutzen! Nun, warum hat man daraus keine Lehre für das innere Leben gezogen? Nehmt einmal an, ihr hättet innerlich eine wunderschöne Kleidung, d. h. eine lichtvolle Aura... Ich sprach einmal von dem Gewand Josephs, das in der Genesis erwähnt wird. Es heißt dort, dass Joseph ein Gewand besaß, das sein Vater ihm gegeben hatte, und dass seine Brüder deshalb eifersüchtig auf ihn waren. In Wirklichkeit ist das symbolisch gemeint, denn dieses Gewand war die Aura. Wenn in den heiligen Büchern, in der Apokalypse, von prächtigen Gewändern in blenden-

Die Schulung des Willens

dem Weiß gesprochen wird, handelt es sich um diese Aura, denn das ist die wahre Kleidung. Nehmt also einmal an, eure Aura sei von großer Schönheit, ihr werdet es nicht wagen, sie zu beschmutzen, und so wird sie euch Schutz gewähren. Seid ihr hingegen schon beschmutzt, werdet ihr euch weiter ohne Bedenken im Schlamm wälzen.

Lernt also, jeden Tag die Liebe zur Schönheit und zur göttlichen Welt zu pflegen: Die Liebe wird euren Willen stützen und euch zum Sieg verhelfen.

VI

KÖRPER, SEELE UND GEIST

Die christliche Überlieferung teilt den Mensch in drei Aspekte: Körper, Seele und Geist; aber nur sehr wenige Menschen unterscheiden die Seele vom Geist und kennen die Wesensart und Wirkungsweise dieser beiden Prinzipien. Was die Aufteilung in 7 Ebenen betrifft: physisch, ätherisch*, astral, mental, kausal, buddhi und atman, kann gesagt werden, dass der Körper der physischen und der ätherischen Ebene entspricht, die Seele der Astral- und Mentalebene und der Geist schließlich der Kausal-, Buddhi- und Atmanebene. So umfasst der Geist 3 Bereiche, die Seele 2 und der physische Körper ebenfalls 2. Und die Seele erscheint als Vermittlerin, bzw. Bindeglied zwischen der physischen Welt und der Welt des Geistes; sie ist das Vehikel, das die Elemente des Himmels zur

---

* Über den ätherischen Körper siehe Band 209 »Weihnachten und Ostern in der Einweihungslehre«, Kapitel 6 »Der Auferstehungsleib«.

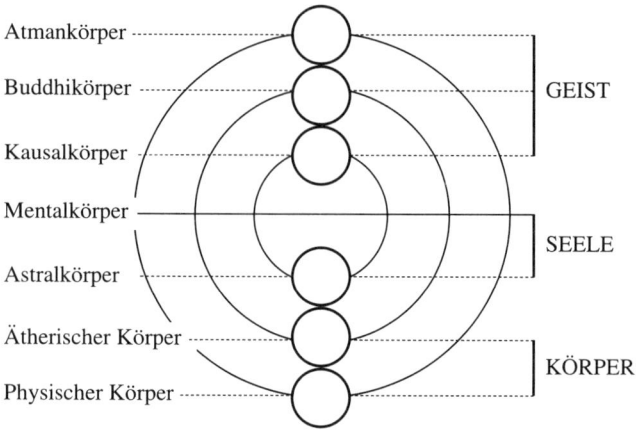

Erde und von der Erde zum Himmel befördert. Alles geht durch die Seele hindurch.

Betrachten wir einen Baum: Er kann auch in drei Teile geteilt werden, denn ein Baum besteht aus Wurzeln, Stamm und Ästen. Die Ernährung des Baumes wird von einem Gefäßsystem gewährleistet: Im Kern des Stammes befördern Gefäße den rohen Saft der Wurzeln in die Blätter, wo er verarbeitet wird; am Rand des Baumes senden andere Gefäße den verarbeiteten Saft zu den Wurzeln zurück. Es gibt also zwei Ströme, einen aufsteigenden und einen absteigenden; sie begegnen sich aber nicht. Diese beiden Ströme sind mit dem arteriellen und venösen Kreislauf im menschli-

Körper, Seele und Geist

chen Körper vergleichbar. Auch dort dürfen diese beiden Ströme sich nicht vermischen, sonst entsteht die Blausucht.

Ähnlicherweise stellt die Seele den Zwischenbereich dar, der von den Strömen vom Himmel zur Erde und von der Erde zum Himmel durchquert wird. Es ist die Jakobsleiter, nämlich die Himmelsleiter, die Jakob im Traum erblickte, mit auf- und absteigenden Engeln. Das ist der Bereich der Seele: die Astral- und die Mentalebene. Dieser Bereich besteht also aus den Strömungen des Fühlens und des Denkens, die sich ebenfalls nicht begegnen. Nichts wird in der Seele verarbeitet, sie ist nur ein Durchgangsbereich, den die Wesenheiten und Elemente durchqueren, die zur Erde herabsteigen oder wieder zum Himmel aufsteigen.

Der Geist arbeitet an der Materie mittels der Seele. Für den Geist bedeutet die Seele ein Werkzeug, dessen er sich bedient, um auf die physische Ebene einzuwirken, was der Geist nicht vermag. Allein die Seele hat die Möglichkeit, die Materie zu berühren. So arbeitet der Geist durch sie an der Materie, formt und gestaltet sie, erteilt ihr Befehle. Ohne die Seele und ihre Möglichkeiten hat der Geist keine Macht über die Materie. Alle bestehenden Kräfte und Elemente, die im physischen Körper angesammelt sind: Metalle, Kristalle, Erdöl, Gold, Edelsteine – symbolisch gemeint – kann der Geist nur mittels der Seele benutzen, die sich in den Körper einschleicht und ihn durchdringt. Das vermag sie nicht, weil sie materieller als der Geist ist, sondern weil sie der Materie näher steht; sie hat also mehr Möglichkeiten, sie zu berühren und ihr Elemente zu entnehmen, und wenn es ihr gelungen ist, sie einzufangen, gibt sie diese dem Geist weiter.

Die meisten Philosophen und auch Theologen haben deshalb über die Seele komplizierte und sogar ganz irrige Theorien geschrieben, weil sie die Natur nicht genau beobachteten. Alles spiegelt sich in der Natur wider, und wer sie zu beobachten weiß, kann die kompliziertesten und abstraktesten Fragen lösen. Die Lösung aller alchimistischen, theurgischen, magischen, kabbalistischen und astrologischen Probleme lässt sich in den Erscheinungen der physischen Ebene finden. Ihr müsst nur lesen lernen!

Wollte man bei allen Fähigkeiten der Seele verweilen, dann gäbe es sicherlich noch vieles zu sagen, denn die Seele hat große gestaltende und formende Kräfte. Wir brauchen die Seele, um die Materie zu gestalten, sei es um sie zu verflüchtigen oder zu verdichten. Beide Arbeitsvorgänge bezeichnen die Alchimisten als »solve« und »coagula«, und allein die Seele ist fähig, sie auszuführen. Weder Geist noch Körper können dies, nur die Seele.

Wer nach den Entsprechungen dieser Aufgliederung in »Körper, Seele, Geist« im menschlichen

Körper, Seele und Geist

Körper sucht, findet, dass der Geist dem Kopf entspricht, der Körper der Bauchgegend und die Seele den beiden Armen. Das ist sehr bemerkenswert, denn – wie gesagt – die Seele hat zwei Funktionen: die Elemente zu verdichten und sie zu verflüchtigen – oder anders gesagt – die Elemente nach oben zu senden und sie nach unten zu ziehen.

Diese beiden Vorgänge sind auch durch den hebräischen Buchstaben Aleph א dargestellt. In Aleph ist eine ganze Wissenschaft enthalten, welche sich mit der Aktivität der Seele als Vermittlerin zwischen Himmel und Erde befasst. Dies wird noch klarer, wenn man sich an die Worte Christi erinnert: »*Ich bin Alpha und Omega*« oder hebräisch: Aleph und Tav. »Ich bin Aleph«, bedeutet: Ich bin derjenige, der die Elemente von der Erde zum Himmel und vom Himmel zur Erde führt... Ja, Christus lässt den Segen des Himmels herabsteigen und die Seelen hinaufsteigen. Um den Himmel bzw. unseren Himmlischen Vater zu erreichen, müssen wir durch ihn hindurchgehen. Warum hat man nicht gelernt, die Aussagen aufeinander abzustimmen, verschiedene Stellen aus den heiligen Büchern zu vergleichen, um genau zu verstehen, was sie bedeuten?

Der Geist dirigiert, er befiehlt, er erleuchtet, aber er hat keine direkte Macht über die Materie. Die Seele ist es, die – unter der Führung des Geistes – durch die Hände an der Materie arbeitet, um sie zu formen, aufzulösen, zu verdichten, zu erwärmen, zu kristallisieren. Zu behaupten, dass sich die Seele durch Arme und Hände äußert, ist vielleicht für euch eine unerwartete Darstellung der Dinge. Man glaubt, dass die Seele sich durch die Augen äußere. Ja, das ist möglich, denn sie kann sich überall äußern. Symbolisch gesehen entspricht aber der Kopf mit Gehirn, Augen usw. viel mehr dem Bereich des Geistes; die Seele hat dort auch eine Wohnstätte, denn Wohnstätten hat sie oben und unten. Aber ihr Bereich ist nicht der Kopf, sondern die Hände. Der Geist erleuchtet, dirigiert, befiehlt, aber ohne Hände gäbe es keine materiellen Verwirklichungen. Der Mensch macht alles mit den Händen, mit der Seele.

Als Jakob die leuchtende Leiter sah, auf der die Engel hinauf- und herabstiegen, befand er sich im Bereich der Astral- und Mentalebene. Diese beiden von den auf- und absteigenden Engeln symbolisierten Strömungen – der venöse und arterielle Kreislauf des Universums –, das eben ist die Seele. Im Menschen befinden sich Herz und Lungen zwischen Kopf und Bauch, in diesem Zwischenbereich, der genau der Seele entspricht; und die Arme sind die Äußerungen der Seele in die eine oder andere Richtung. Die Arme gehen also aus dem Bereich der Seele hervor. Die kosmische Intelligenz hat in der gesamten Schöpfung erstaunliche Entsprechungen geschaffen. Ihrerseits befin-

Körper, Seele und Geist

den sich Augen, Ohren, Mund und Nase oben, im Bereich des Geistes, um die Dinge zu betrachten, hören, kosten und begreifen.

Natürlich mag euch das Gesagte sehr theoretisch erscheinen. Um z. B. zu wissen, was die Seele ist, muss man sie anschauen... Ja, alle Worte können nicht richtig erklären, was die Seele ist; man muss sie sehen. Das ist möglich, weil sie materiell ist, aus einer so leichten, dünnen, feinen Materie, dass sie als etwas Unsichtbares gilt, aber in Wirklichkeit kann man sie sehen. Die Seele ist ein höherer, strahlender Körper, aber immerhin ein Körper. Und auch dieser Körper wird sich eines Tages auflösen, und dann wird der Mensch nur als Geist weiterleben, denn der Geist ist die eigentliche Essenz des Menschen, bzw. sein wahres Wesen.

Wenn von der Seele gesagt wird, sie sei unsterblich, dann ist in Wirklichkeit die höhere Seele – d. h. der Geist – gemeint. Die niedere Seele des Menschen dagegen wird verschwinden, sie ist materiell, und jede Materie ist dem Verschwinden geweiht – oder besser gesagt – der Auflösung. Dann wird sie andersartig neu gebildet. Die Seele ist jedoch eine sehr fluide Materie, die sich bewegt und atmet; sie ist derart lebendig und veränderlich, dass sie alle Farben und Formen annimmt. Und da sie sichtbar sind, kann man wahrnehmen, dass ein Mensch trotz Juwelen, Flitterkram, Orden oder

Schminke eine stumpfe, fürchterliche Seele hat, und ein anderer, trotz Lumpen und schmutziger Kleider unglaublich strahlend schön und ausdrucksvoll ist!

Ja, die Seele ist eine Realität, obwohl viele unserer Zeitgenossen, die sich auf Psychologie, das heißt auf »die Wissenschaft der Seele« spezialisiert haben, nicht an die Seele glauben! Eine Psychologie, welche die Seele ausschließt, ist eine höchst komische Sache. Und doch haben sie recht! Ihr meint, ich widerspreche mir? Nein, ihr müsst mich nur richtig verstehen: Alles ist wahr, nur muss man herausbekommen, wie es wahr ist. Wenn ihr findet, dass etwas wahr ist, nun gut, das genügt, denn für euch ist es wahr. Wenn ihr sagt: »Es gibt keinen Gott«, so ist das wahr, weil es in euch keinen Gott gibt, da ihr ja sagt, es gäbe Ihn nicht. Wenn ihr gleicherweise sagt: »Ich glaube nicht an die Seele«, so ist auch das wahr; ihr seid ohne Seele, weil ihr sie sonst spüren würdet, wenn ihr eine hättet. In dem Moment, wo ihr sie verneint, habt ihr keine. Alles ist wahr, die Existenz und die Nicht-Existenz, das hängt allein vom Standpunkt ab, den ihr einnehmt. Jesus hat genau das Gleiche ausgedrückt, indem er sagte: »Es geschehe dir nach deinem Glauben.« Damit ist alles gesagt.

Die Seele kann vielfältig definiert werden, aber das beste Sinnbild ist der Baumstamm oder auch

Körper, Seele und Geist

die Jakobsleiter. Natürlich könnt ihr behaupten, was ihr wollt, dass sie u.a. Elektrizität sei, ein Fluidum, eine Emanation, ein Magnetismus, eine Wärme, es wird immer etwas Wahres daran sein, aber keiner dieser Begriffe kennzeichnet die wesentliche Funktion der Seele, die darin besteht, als Vermittlerin zu dienen. Ich kann sie sogar mit einer Zange vergleichen, ja mit der Feuerzange, mit der die Kohlen im Feuer angerührt werden. Ihr meint: »Aber wie können Sie so etwas Abschätziges über die Seele sagen!« Die Seele gleicht tatsächlich einer lebendigen Zange, mit der ihr das Feuer schürt, ohne euch zu verbrennen: also ein Werkzeug, eine Vermittlerin.

Nun seht ihr wieder einmal, wie ich mich der Analogie als Schlüssel bediene. Da die ganze Schöpfung überall die gleiche Struktur aufweist – nur mit wenigen kleinen Abweichungen, je nach Bereich – findet man überall dieselbe Gliederung in drei Teile: Form, Inhalt, Sinn oder auch: Körper, Seele, Geist. Betrachtet ein Ei: Es erklärt euch alles. Deshalb ist das Ei ein so wichtiges Symbol in der Einweihungslehre. Es ist eine Art Mikrokosmos. Öffnet es. Was seht ihr? Das Eigelb, das den Lebenskeim enthält; das Eiweiß und schließlich die Schale. Das Gelbe ist der Geist, das Weiße die Seele und die Schale der Körper. Der Same befindet sich also im Zentrum, das Weiße in der Mitte, und die Schale an der Peripherie. Auch die Zelle ist nach diesem Schema aufgebaut: Alle Zellen bestehen aus dem Kern, dem Zytoplasma und der Zellmembran. Und wenn die Schale des Eies zerbricht, was passiert? Alles zerfließt, und das Leben entschwindet. Wie die Schale, so dient auch der Körper dazu, das Leben zu schützen, das heißt, Seele und Geist. Wenn der Körper zerbrochen ist, entschwindet das Leben; Seele und Geist verlassen ihn.

Und was ist nun die Seele? Wie das Weiße im Ei verfügt die Seele über alle notwendigen Nährstoffe zur Lebenserhaltung. Aber das Leben kommt vom Geist: Der Keim befindet sich nicht im Eiweiß, sondern im Eigelb. Ähnlicherweise befindet sich im Geist das Leben – das wahre Leben, das die Seele erhält, nährt und weitergibt. Woher weiß ich das? Ich weiß es, weil es augenscheinlich ist, es liegt da, vor uns, denn die Natur breitet alles vor unseren Augen aus!

Mit der Weintraube verhält es sich nicht anders. In ihrem Kern – wie im Zellkern – liegt der Lebenskeim, umgeben von der Seele, und die Haut entspricht dem physischen Körper. Wenn ihr also Obst esst, esst ihr auch das Leben mit, das die Seele beherbergt, das aber von viel weiter her kommt, vom Geist. Und was macht ihr mit dem Kern? Ihr esst ihn nicht, ihr pflanzt ihn. Da habt ihr auch wieder Liebe, Weisheit und Wahrheit: Die Wahrheit sitzt im Kern; die Liebe wird »geges-

Körper, Seele und Geist

sen«, und die Weisheit umhüllt das Ganze. Ja, die Weisheit ist all das, was im Äußeren eingeschrieben steht – die Form. Die Liebe ist das, was man isst – das Leben. Und die Wahrheit ist das, was man zur Vermehrung des Lebens pflanzt. Ist das nicht klar? Auch Früchte haben einen Geist, eine Seele und einen Körper.

Noch etwas muss richtig verstanden werden: Geist, Seele und Körper, selbst wenn man sie als unterschiedliche Realitäten hinstellt, sind von der gleichen Substanz. Der Unterschied liegt in der Dichte, im Grad der Materialisation: Der Körper ist verdichteter Geist, der Geist ist der verflüchtigte Körper, und die Seele ist das Bindeglied zwischen beiden. Fragen wir nun erneut die Natur, wo wir Körper, Seele und Geist noch finden können, so wird sie uns antworten: in den vier Elementen. Wo ist der Körper? Ihm entspricht die Erde. Wo ist die Seele? Das sind Wasser und Luft. Wo ist der Geist? Im Feuer. Und warum umfasst die Seele zwei Elemente? Ich sagte es euch bereits, die Seele ist zweiseitig und verbindet die beiden anderen Teile, den Körper und den Geist. In gleicher Weise steht das Wasser in Beziehung zur Erde und die Luft zum Feuer. Das Wasser ernährt die Erde und die Luft ernährt das Feuer. Wasser und Luft sind also die Seele, die Erde und Feuer nähren. Und alle Kreisläufe befinden sich dort: Das Wasser steigt auf und ab, wie die Luft.

Wie schon gesagt, besteht die Seele aus dem niederen Astral- und Mentalkörper und wird vom Strom der Gedanken und Gefühle durchquert. Das Gefühl entspricht dem Wasser und die Gedanken der Luft. Sie strömen zwischen Erde und Feuer. Die Luft nährt das Feuer, da ohne Luft das Feuer verlöscht und das Wasser nährt die Erde, da die Erde ohne Wasser austrocknet. Daraus ergibt sich also eine neue Aufteilung in 4, die nicht der Aufteilung in 3 widerspricht. In der Natur ist die Seele durch Luft und Wasser dargestellt, die (wie die Seele) auf- und absteigen.

Betrachten wir jetzt das Wasser. Meistens trifft man es im flüssigen Zustand an, aber es zeigt sich auch im festen Zustand als Eis und im gasförmigen Zustand als Wasserdampf. Es ist immer noch Wasser, immer noch die gleiche Substanz, aber in einem mehr oder weniger feinstofflichen Zustand. Es ist zwar die gleiche Substanz, aber bei sehr niedriger Temperatur erhärtet sie, bei Zimmertemperatur wird sie flüssig, und wenn man sie erhitzt, wird sie zu Wasserdampf. Eis ist fest, aber das ist nur eine vorübergehende Erscheinungsform, da es ja wieder flüssig oder gasförmig werden kann. Ähnlich sind Körper, Seele und Geist von gleicher Substanz, aber in einem mehr oder weniger feinstofflichen Zustand.

Darum lehren die Alchimisten, es gäbe eine einzige Materie, und Metalle, Kristalle, Blumen,

Körper, Seele und Geist

Tiere, Menschen, Luft, Feuer usw. seien aus dieser Materie durch verschiedene Grade der Verdichtung hervorgegangen. Wie richtig haben sie das erkannt! Was ist dann der physische Körper? Verdichteter Geist. Und was ist der Geist? Aufgelöste, verdünnte Materie bis hin zum immateriellsten Zustand. Und darum sagen auch die Alchimisten durch »*solve*« und »*coagula*« seien alle Umwandlungen möglich. Und wie? Durch Wärme. Die Wärme ist es, die je nach Intensität auf die Materie einwirkt, um ihr verschiedene Formen und Dichtegrade zu geben. Das Feuer ist also das magische Agens, das jedem Ding Form und Beschaffenheit verleiht. Gold besitzt eine bestimmte Menge an Wärme, Silber eine andere, Blei noch eine andere usw. Wenn der Adept das richtige Feuer – das magische Agens – ausfindig macht, kann er Blei, Silber oder Eisen in Gold verwandeln oder umgekehrt Gold in Eisen usw. Das Feuer der Alchimisten ist natürlich nicht das Feuer der Glasbläser oder der Schmiede, sondern das feinstoffliche Feuer, das verborgene Feuer, das philosophische Feuer.

Aber kehren wir zur Seele zurück. Der Raum zwischen Eigelb und Schale, zwischen Kreismittelpunkt und Peripherie, das ist die Seele. Der Geist ist ein kaum wahrnehmbarer Punkt, die Seele hingegen ist unermesslich, denn die Seele muss unerschöpflich sein, um den Geist ernähren zu können. Der Geist hat Hunger und isst die Seele, und diese muss unerschöpflich sein, um ihm zu genügen. Der Geist hingegen, obwohl die Seele ihn nährt, bleibt immer ein Punkt, er wächst nicht.

Auch eine Kerze kann euch Interessantes offenbaren. Wenn ihr sie anzündet, habt ihr vor euch die vier Elemente: Erde, Wasser, Luft und Feuer – und die drei Prinzipien: Körper, Seele und Geist. Der Körper – oder die Erde – ist die Materie der Kerze. Die Seele ist Wasser und Luft: Das Wasser ist das schmelzende Wachs, und die Luft nährt die Flamme. Der Geist ist natürlich das Feuer oder die Flamme selbst.

Um bestehen zu bleiben, muss die Flamme sich ernähren. Aber da dies nur auf Kosten anderer Materialien geschehen kann, verschwindet die Kerze allmählich, weil sie von der Flamme aufgezehrt wird. Die Seele dient der Flamme als Nahrung, und bei der Kerze entspricht die Seele zum einen dem Wasser, d. h. dem schmelzenden Wachs (würde es nicht schmelzen, dann könnte die Flamme sich nicht davon ernähren), und zum anderen der Luft, ohne die die Flamme ebenfalls verlöschen würde. Die Seele ernährt den Geist – die Flamme –, die immer aufrecht steht und wie ein Jod⁹ aussieht, der zehnte Buchstabe des hebräischen Alphabets; Jod ist ein Symbol des Geistes.

Ihr seht, alles hängt zusammen, alles ist klar, nichts widerspricht sich. Und wendet nicht ein, Kerze und Ei hätten nichts Gemeinsames, da sie ja

Körper, Seele und Geist

verschiedene Erscheinungsformen haben. Es ist dasselbe Prinzip in verschiedenen Kleidungen mit verschiedenen Verbindungen und Anwendungsmöglichkeiten. Aus dem »Einen« hat der Schöpfer Vielfältiges geschaffen. Wie es auf der Smaragdtafel von Hermes Trismegistos steht: »*Und wie alle Dinge eins sind und aus dem Einen hervorgegangen sind, durch die Einwirkung des Einen, so sind alle Dinge aus diesem einzigen Ding durch Anpassung hervorgegangen*«.

Selbst wenn in dem anfangs erwähnten Schema der sieben Körper der ätherische Körper vom physischen getrennt erscheint, ist er in Wirklichkeit nicht von ihm zu trennen. Der Ätherkörper gehört noch zum physischen Körper, dessen feinstofflichste Seite er bildet; er scheint aus schwebenden, wie Dunst aussehenden Staubpartikeln zu bestehen, denn Emanationen bilden um ihn eine Art Gashülle, die ihn ständig begleitet. Ja, der Ätherkörper ist ein Teil des physischen Körpers. Man könnte sagen, dass er der Dunst des physischen Körpers, aber noch nicht die Seele ist. Die Seele folgt auf den Ätherkörper in einem noch feinstofflicheren Bereich, wo Gefühle und Gedanken entstehen. Und der Geist? Er ist eine Art Widerspiegelung der Seele auf einer höheren Ebene.

Zwar ist der Geist auch die Ebene von Gedanken und Gefühlen, aber von größter Lauterkeit und allergrößter Helligkeit. Der Geist kennt nichts Unreines, Niederes, während die Seele Gutes wie auch Schlechtes enthalten kann. Das ist wieder ein von den Philosophen nicht geklärter Punkt. Und in der Umgangssprache ist es noch viel schlimmer! Man verwendet das Wort »Geist« auf gut Glück. Man sagt »schlechter Geist, boshafter Geist, listiger Geist«. Aber nein! Nicht der Geist ist schlecht, listig oder boshaft, sondern der Intellekt oder auch die Seele, denn die Seele enthält zugleich Gutes wie Schlechtes: Da sie als Bindeglied zwischen Körper und Geist fungiert, ist sie zur Hälfte durch den physischen Körper verdunkelt und zur Hälfte durch den Geist geläutert. Deshalb sind all diese Redensarten, die man zu hören bekommt, nicht richtig, sie beruhen nicht auf einem wirklichen Wissen. Der Geist kann niemals etwas Schlechtes oder Schmutziges enthalten, sonst wäre er nicht mehr der Geist. Das Leben wohnt im Kern, der rein und vollkommen ist. So ist der Geist – aber der Geist, der von Gott kommt – absolut rein und strahlend. Man sollte doch nicht alles durcheinanderbringen.

Wie ihr seht, spricht die Flamme zu uns. Was tut sie? Sie verbrennt alle Unreinheiten, denn es gibt keine Unreinheit im Feuer, das nur duldet, was ebenso rein ist wie es selbst. Wasser und Luft hingegen können verunreinigt werden, sie neh-

Körper, Seele und Geist

men Unreinheiten an, allein das Feuer nimmt sie nicht an, es verbrennt sie. Im Gegensatz dazu absorbiert die Erde alles: Das ist ihre Eigenart; sie ist wie ein Magnet, der alles Schmutzige und Unreine anzieht, um es dann in ihren Laboratorien umzuwandeln.

Seele, Körper und Geist findet man überall in verschiedenen Zusammenhängen, aber die Entsprechungen, Rollen, Beziehungen sind absolut die gleichen. Ihr wollt noch weitere Beispiele von Körper, Seele und Geist? Nehmen wir ein Parfümfläschchen. Das Fläschchen ist der Körper, die Flüssigkeit die Seele und der Duft, der entströmt, der Geist. Die Flüssigkeit nährt den Duft. Gibt es keine Flüssigkeit mehr, so gibt es auch keinen Duft mehr, es bleibt nur das Fläschchen, und da leere Flaschen keinen großen Wert haben, wirft man sie weg. Einem toten Menschen ergeht es ähnlich: Man begräbt ihn; bleibt nur noch der physische Körper, dann sagt man: »Begrabt ihn!« Und warum verschließt man ein Parfümfläschchen sorgfältig? Weil der Duft entweicht, wenn das Fläschchen offen ist. Der Geist ist ebenfalls sehr flüchtig, er fühlt sich in seinem »Fläschchen« eingeengt und liebt es gar nicht, seiner Freiheit beraubt zu sein, er will immer zu seiner Heimat, der göttlichen Quelle zurückkehren. Und darum muss man ihm Nahrung geben – nämlich die Seele – um ihn auf der Erde festzuhalten und ihn danach hermetisch in einen Körper einschließen. Ist das jetzt klar?

Beim Essen geht der gröbste Teil der Nahrung in den physischen Körper zur Bildung und Festigung des Skeletts. Und der feinste Teil dieser Nahrung gelangt in das Blut, um den Körper zu nähren. Immer waltet das gleiche Prinzip: Das Blut, d. h. die Flüssigkeit – mit anderen Worten: die Seele – ist das nährende Element. Und wo ist der Geist? Im Nervensystem. Verdauungsapparat, Blutkreislauf, Atmungsorgane und Nervensystem, das sind wieder Körper, Seele und Geist. Das Blut liefert die Nahrung, es nährt sogar die Nerven. Wenn der Mensch seinen Körper und auch sein Blut reinigt – mit anderen Worten: seine Seele –, wird der Geist äußerst aktiv und entfaltet seine ganze Kraft. Ihr seht, alles hängt zusammen.

VII

ÄUßERES UND INNERES ERKENNEN

Seit Jahrhunderten und Aberjahrhunderten hören Wissenschaft und Religion nicht auf, sich miteinander zu streiten, weil sie sich nicht darüber einigen können, was eigentlich Menschen und Weltall sind. In diesem Kampf siegt mal die Religion, mal die Wissenschaft. Gegenwärtig siegt die Wissenschaft: Jahrhundertelang wollte man sie auslöschen unter dem Vorwand, ihre Entdeckungen kämen vom Teufel; jetzt aber rächt sie sich, und die Religion ist besiegt.

Ein Bild kann euch zum besseren Verständnis dieser Frage verhelfen. Stellt euch eine große Kugel und zwei Menschen vor, von denen der eine innerhalb und der andere außerhalb steht. Natürlich haben beide Menschen nicht dieselbe Vorstellung von der Kugel. Der Außenstehende behauptet, die Kugel sei konvex, und der andere sie sei konkav... Nun, angenommen, die Kugel sei das Universum. Der Außenstehende ist der Wissenschaftler: Er spricht und schreibt, um zu erklären, was er sieht. Was er sagt, ist wahr, aber nur von seinem Standpunkt aus, dem äußeren, objektiven. Derjenige, der sich im Inneren befindet, ist der religiöse, mystische Mensch, und er hat natürlich andere Vorstellungen, aber auch er hat recht.

Wie lange noch wird sich dieser Streit fortsetzen? Eigentlich ist ein Dritter nötig, der beide Auffassungen zu einer Synthese vereinen kann. Er nimmt sich den ersten der beiden Streitenden vor und sagt: »Du, der du vor der Kugel stehst, du hast zur Hälfte recht«, und dem anderen sagt er: »Du in der Kugel hast auch recht. Aber die ganze Wahrheit besitze ich, weil ich die Möglichkeit habe, innen und außen zugleich zu sein: Mit Herz und Seele befinde ich mich innerhalb und mit dem Intellekt außerhalb der Kugel.«

Für die meisten Menschen des zwanzigsten Jahrhunderts ist die objektive Welt, die sichtbare, tastbare, durch den Intellekt erforschte Wirklichkeit viel wichtiger als die subjektive Welt, die Welt des Gefühls, der Empfindung, der Erfahrung. Und doch ist die subjektive Welt bei Weitem wesentlicher, weil letztendlich das Erlebte etwas zu bedeuten hat und nicht das, was sich außerhalb von uns abspielt. Wirklich ist das, was ihr fühlt. Wenn ihr euch gequält fühlt, wenn ihr euch einbildet, von Dieben und Monstern verfolgt zu sein, seid ihr verängstigt und zittert, selbst wenn diese – objek-

Äußeres und inneres Erkennen

tiv gesehen – gar nicht existieren, aber das ist unwichtig: Für euch ist es Wirklichkeit. Oder stellt euch vor, ihr besäßet reiche Schätze: Wenn ihr sie innerlich nicht spürt, wenn ihr euch nicht daran erfreut, nicht davon profitiert, dann ist es, als hättet ihr gar nichts. Letzten Endes muss man doch zugeben, dass die innere, subjektive Welt – nämlich was ihr lebt und fühlt – das Wichtigste ist. Wenn ihr euch innerlich froh und reich fühlt, ist es denn so wichtig, wenn ihr äußerlich in Armut lebt?

An erster Stelle steht also das innere Leben. Das ist einfach und klar, aber die meisten Menschen haben das nicht verstanden und bevorzugen immer das äußerliche Leben. Ja, äußere Dinge kann man zwar sehen, betrachten, darstellen usw. aber nicht erleben, und will man sie wirklich erleben, dann ist das sehr schwierig, man muss dafür schon einigermaßen innerlich veranlagt sein. Wer überhaupt kein Gefühl für Schönheit hat, wird den Herrlichkeiten der Natur gegenüber gleichgültig bleiben. Sobald aber ein Künstler z. B. eine Landschaft oder ein Antlitz wahrnimmt, ist er hingerissen und macht sich gleich daran zu zeichnen, schreiben, komponieren, weil für ihn bereits eine Welt von Schönheit und Reichtümern lebendig wird.

Aber wie kann man die Menschen von der Richtigkeit derart einfacher und klarer Tatsachen überzeugen? Auf der physischen Ebene wollen sie besitzen, anhäufen, und dabei lassen sie ihr subtiles Wahrnehmungsvermögen abstumpfen. Es ist schon wahr, dass sie zu Besitztümern gekommen sind... aber sie spüren keine Freude mehr. Sie sind wie der Mann, der ständig neue Eroberungen macht und glaubt, am Ende finde er doch die Frau, die ihn beglückt. Innerlich hat er jedoch nichts getan, um seine Feinfühligkeit zu entwickeln, und er bildet sich ein, er finde sie, wenn er sie weiter in der äußeren Welt sucht. Aber er findet sie nicht. Wie vielen Männern und Frauen bin ich begegnet, die unaufhörlich der äußeren Liebe nachjagten, weil sie innerlich unfähig waren, irgendetwas zu empfinden! Ja, sie waren wie Steine... Man muss lernen, nicht mehr so sehr auf Äußerlichkeiten zu zählen, sondern die geringsten sich bietenden Gelegenheiten zu benutzen, um eine Vorstellung von himmlischen Freuden zu haben.

Wenn ein junger Mann und ein junges Mädchen sich ineinander verlieben, leben sie in einer so wunderbaren Poesie, dass ein von dem Mädchen dem jungen Mann geschenktes Rosenblatt für ihn zum Talisman wird: Er ist entzückt. Doch was ist so Besonderes an diesem Blütenblatt? Vielleicht nichts! Er aber spürt bei dessen Duft die Gegenwart des Mädchens, spürt ihre Seele, ihre Gedanken und ihr zuliebe wird er zum Dichter, zum Ritter und Eroberer. Sie küssen sich nicht einmal, aber die unscheinbarsten Dinge – ein Blick, ein Händedruck – genügen, um sie tagelang in der

Äußeres und inneres Erkennen

Erinnerung an diesen Augenblick leben zu lassen, als wohnte die ganze Welt in ihren Seelen. Aber wenn sie beginnen, sich physisch näher zu kommen und dabei allopathische Dosen zu genießen, haben sie nicht mehr diese feinsinnigen Empfindungen, weil in ihrem Inneren etwas abnimmt und abstumpft. Um dann trotzdem noch erregt zu werden, müssen sie die Dosen erhöhen, öfters zusammen sein. Aber sie verlieren dabei den Geschmack, wie diejenigen, die jeden Tag und mehrmals am Tag üppige Mahlzeiten zu sich nehmen. Solche Vielfraße wissen die Nahrung nicht wirklich zu schätzen.

Da die Menschen diese Gesetze verkennen, fügen sie sich großen Schaden zu. In der Liebe müssen sie auf homöopathische Dosen zurückgreifen, welche doch am wirksamsten sind. Warum? Weil sie von den feinstofflichen Körpern wahrgenommen werden, in denen es mehr Raum zwischen den Teilchen gibt, sodass diese mehr Möglichkeiten zum Schwingen haben. Homöopathische Dosen sprechen die feinstofflichen Körper an, wohingegen allopathische Dosen auf den physischen Körper einwirken. Um ihn zu reizen, müssen die Dosen tatsächlich erhöht werden, doch bei solchen Dosen reagieren die anderen Körper nicht. Das ist ein Gesetz. Homöopathische Dosen wirken kaum auf den physischen Körper, weil die Teilchen des physischen Körpers zu kompakt, zu dicht beieinander sind. Um sie anzuregen, ist eine hohe Dosis nötig. Äther-, Astral- und Mentalkörper hingegen sind zart, feinstofflich und werden von homöopathischen Dosen angeregt.

Ihr werdet einwenden: »Aber wie können diese Dosen dann den physischen Körper anregen?« Durch die Vermittlung der anderen Körper. Der Alltag bietet dafür zahlreiche Beispiele. Was ist ein Blick, ein Wort? Eine homöopathische Dosis. Ihr habt einen hassvollen Blick empfangen oder es ist euch etwas Grausames gesagt worden: Das wirft euch fast um. Dabei wurdet ihr weder geschlagen noch verletzt! Wie kommt es also, dass der physische Körper krank und erschöpft ist? Dies erfolgt durch die Vermittlung von Astral- und Mentalkörpern. Das Wort oder der Blick rief in euch ein solches Gefühl der Verzweiflung oder des Erschreckens hervor, dass es sich im physischen Körper widerspiegelte. Setzt den Fall, ihr seid erschöpft, kraftlos... ein Freund kommt zu Besuch, sagt euch ein paar herzliche Worte und blickt euch freundlich an: Auf einmal seid ihr wieder auf den Beinen! Er hat euch eine homöopathische Dosis gegeben, die eure feinstofflichen Körper empfangen und dem physischen Körper übermittelt haben. Dabei wurden entsprechende Strömungen und Verbindungen wiederhergestellt, und ihr seid wieder gesund.

Aber wenden wir uns wieder dem Herzen und dem Intellekt zu. Der in der objektiven Welt arbei-

Äußeres und inneres Erkennen

tende Intellekt besitzt – wie schon festgestellt – die halbe Wahrheit. Doch angesichts seiner Wichtigkeit muss dem Herzen ein größerer Teil der Wahrheit zugebilligt werden, d. h. dem Gefühl, dem Erlebten, weil es viel wichtiger ist, die Dinge zu erleben als sie zu erlernen oder zu lesen... Leben ist viel wichtiger als Kenntnisse zu erwerben. Durch den Intellekt kennt ihr zwar vieles, aber es bleibt theoretisch und oberflächlich und gelangt nicht in die Tiefe eures Wesens. Das mit dem Intellekt Erlernte wird von bestimmten Schichten des Gehirns aufgenommen, aber diese Schichten liegen an der Oberfläche, und die Kenntnisse verschwinden sehr schnell, sie verlassen euch, und ihr vergesst sie. Denkt an alle gelesenen Bücher, die ihr schon vergessen habt! Und doch war es in eurem Gedächtnis aufgezeichnet. Ja, aber an der Oberfläche, und alles, was an der Oberfläche ist, kann sehr leicht ausgelöscht werden. Wie steht es nun mit etwas, das ihr erlebt, gefühlt oder gekostet habt? Ihr vergesst es ein Leben lang nicht mehr; es kann auch gar nicht anders sein, weil es in den tiefen Schichten, im Kern eures Wesens aufgezeichnet ist.

Neunzig Prozent der Menschen bewegen sich an der Oberfläche der Existenz: Sie leben nicht, sie empfinden nicht... Ich meine, sie erleben das Wesentliche nicht. Sie lesen und diskutieren darüber, aber sie erfahren es nicht wirklich. Man muss die Dinge erleben, und dann werden sie auf ewig in euch bleiben. Ja, das Einzige, das ihr hinübernehmen könnt und das selbst nach dem Tode nicht ausgelöscht wird, ist das, was ihr mit Herz und Seele am eigenen Leben verifiziert habt. Alles andere, was ihr auf den Universitäten oder in den Büchern gelernt habt, werdet ihr zurücklassen, wenn ihr diese Erde verlasst. Ihr könnt dieses Wissen nicht mitnehmen, weil es euch nicht gehört, weil es euch nicht in Fleisch und Blut übergegangen ist. Es ist das Wissen anderer, ihr habt es übernommen oder man hat es euch geborgt, und danach verlässt es euch, ihr dürft es nicht mitnehmen. Und wenn ihr auf die Erde zurückkommt, werdet ihr auch nicht von Geburt an darüber verfügen können, ihr werdet aufs Neue in die Schule gehen, Bücher lesen, lernen müssen... Es wird dabei viel Zeit und Energie vergeudet!

So werden die Menschen von einer Inkarnation zur anderen gezwungen, die gleichen Lehrzeiten zu absolvieren. Sie können sich des in den anderen Inkarnationen erworbenen Wissens nicht mehr erinnern, weil sie es sich auf eine intellektuelle, oberflächliche, äußerliche Art und Weise aneigneten. Die Eingeweihten sind bemüht, das Wesentliche zu wählen und ihr Leben danach zu richten. Alles Übrige weisen sie zurück, weil sie wissen, dass sie sowieso gezwungen sein werden, es eines Tages beim Hinübergehen zurückzuweisen, falls sie dies nicht bewusst und freiwillig tun. Verwirklicht euer Wissen, kostet es, prüft und wendet es an, bis ihr

Äußeres und inneres Erkennen

spürt, dass es euch in Fleisch und Blut übergeht, dass es zu eurer Quintessenz wird: Nichts und niemand kann es euch wegnehmen. Und auch wenn ihr zur Erde zurückkehrt, werdet ihr dieses Wissen mitbringen, ihr werdet nicht wieder von vorne mit dem Lernen beginnen müssen, sondern fortfahren, ihm wahres Wissen hinzuzufügen.

Das heißt aber nicht, man solle weder lesen noch studieren... Gewiss soll man das! Denn schaut euch an, was geschieht, wenn ihr hierher in diese Einweihungsschule kommt. Am Anfang lernt ihr, denn natürlich könnt ihr die euch dargelegten Wahrheiten weder »riechen« noch »kosten«, wenn ihr nicht zunächst Kenntnis davon nehmt. Aber im Unterschied zu den allgemeinen Denkgewohnheiten werdet ihr in dieser Schule dazu angeregt, den Schwerpunkt auf das Gelebte zu legen. Und damit ändert sich alles: Man drängt euch nicht mehr, alle möglichen seltsamen und unnützen Dinge zu sammeln und anzuhäufen, sodass ihr zu einem richtigen Auskunftsbüro werdet. Nein, ihr erhaltet Baumaterial, d. h. ihr werdet unterrichtet; aber es liegt dann an euch, das auszuwählen, was euch am besten gefällt, was eurem Naturell, eurem Temperament am besten entspricht, und dann müsst ihr es in euer Leben integrieren, damit ihr im Inneren etwas Wesentliches aufbaut.

Mit ihrem Wissen fangen die Menschen meistens nichts Gescheites an; es liegt verstreut in ihren Schränken, in ihren Bibliotheken, Schluss damit! Wieder ein Mangel, eine Lücke, die mir bei allen Gebildeten auffällt. Sie bauen nichts mit ihrem Wissen auf. Sie sind Journalisten, Schriftsteller, Lehrer und »basteln« mit ihrem Wissen natürlich irgendetwas zusammen. Wohl schreiben sie Artikel oder Romane, unterrichten Schüler, aber sie bauen sich kein Haus, keinen Tempel, d. h. sie arbeiten nicht für ihre Zukunft.

Es liegt an euch, aus dem ganzen hier dargebotenen Wissen, euch einige Materialien, einige Methoden auszuwählen. Es ist meine Aufgabe, alle Sorten von Früchten und Gemüsen auf dem Tisch auszubreiten – symbolisch gesprochen –, aber es liegt an euch, das auszuwählen, was euch gefällt und eurem Magen bekommt. Wenn ich euch auch eine Menge Dinge vorlege, so soll das nicht heißen, dass ihr alles essen und euch krank machen müsst. Nein, sucht euch nur drei oder vier Übungen oder Methoden aus, praktiziert sie das ganze Leben: Sie werden viel großartigere Resultate hervorbringen, als wenn ihr Tausende Methoden ausprobiert hättet. Ich bin nicht anders vorgegangen: Ich konzentrierte mich auf einige wenige Wahrheiten, wählte jedoch diejenigen, die alles andere mit einschließen, die im Kern aller Dinge liegen. Durch ihre Anwendung konnte ich auf das Weltall einwirken. Ich verzettele mich nicht, weil ich weiß, dass man so zu nichts kommt.

Äußeres und inneres Erkennen

Jetzt versteht ihr, warum ich so sehr darauf bestehe, dass ihr lernt, die Dinge zu »riechen«, auszuprobieren und sie dann zu praktizieren, zu verwirklichen und nicht ewig an der Oberfläche, im objektiven Bereich zu bleiben.

Entscheidet euch also, die großen Wahrheiten, die euch hier vermittelt werden, in eurem Leben zu verwirklichen. Wenn ihr es nämlich nicht tut, könnt ihr sie nicht mit hinübernehmen, und bei der nächsten Inkarnation werdet ihr gezwungen sein, wieder von vorne anzufangen. Manche Virtuosen z. B. machen Musik, ohne dass es für sie zu einem tiefen Erlebnis wird. Wenn sie dann auf die Erde zurückkehren, müssen sie ihre Lehrzeit wieder von vorne anfangen, so große Musiker sie auch in der Vergangenheit gewesen sein mögen. Wer hingegen Musik tief empfindet, nimmt seine Begabung mit, und bei der nächsten Inkarnation komponiert er schon mit fünf oder sechs Jahren wie Mozart. Andere sind von früher Jugend an Mathematiker, weil sie sich in einer früheren Inkarnation nicht damit zufriedengaben, die Mathematik mit dem Intellekt zu studieren, sondern sie in Fleisch und Blut übergehen zu lassen... Ihr seid erstaunt, dass man die Mathematik lebendig werden lassen kann? Nun, ihr solltet nicht erstaunt sein. Alles Abstrakte, alles, was am weitesten von uns liegt, kann uns zum Lebensinhalt werden, ja, das kann verwirklicht werden. Aber die Menschen leben nicht, sie sammeln Dinge an, studieren sie ein wenig, erleben sie aber nicht, sodass sie sie nicht wirklich kennen. Das ist wie jemand, der über die Liebe spricht oder Bücher über sie schreibt, obwohl er selbst niemals geliebt hat: Er weiß davon überhaupt nichts. Verliebt er sich, so kann er vielleicht nicht darüber schreiben, aber er weiß bestimmt, was lieben heißt.

Verstehen, empfinden und dann nach diesem umfassenden, tiefen Verständnis und nach dieser untrüglichen Empfindung handeln – das ist das Geheimnis der wahren Intelligenz. Die wahre Intelligenz ist eigentlich die Intuition, denn die Intuition braucht nicht zu überlegen noch zu rechnen, sie erfasst blitzartig mit einem Blick, durchdringt sofort alles und teilt euch ihre Entdeckungen mit. Da die Intuition Empfindung und Verständnis ist, lässt sie den Menschen zugleich spüren und verstehen. Es handelt sich also um eine höhere Intelligenz, die das unverzichtbarste Element besitzt: das Leben. Und wenn man diese Intelligenz besitzt, an sie glaubt, sie liebt und sie bewundert, dann versteht man augenblicklich alles, selbst das, worüber alle Welt sich den Kopf zerbricht. Ja, sobald man die Wirklichkeit entdeckt, wie sie tatsächlich ist, mit ihren beiden Seiten – der objektiven und der subjektiven Seite –, sieht man mit Staunen, wie einfach doch alles ist.

VIII

VOM INTELLEKT ZUR INTELLIGENZ

Die meisten Menschen sind gewöhnt, sich von ihren Trieben leiten zu lassen. An sich ist das nicht verwerflich; wer aber seinen Trieben folgt, verhält sich wie ein Tier. Der Mensch ist bestimmt nicht im Laufe seiner Evolution zu einem mit Denkvermögen und Vernunft ausgestatteten Wesen geworden, um sich weiter wie die Tiere zu verhalten. Ihr wendet ein: »Aber gibt es nicht Augenblicke, wo man sich bestimmten Trieben hingeben kann?« Doch, aber wir wollen sehen, unter welchen Umständen dies annehmbar ist.

Am Anfang war der Mensch ein reiner, nach dem Bild Gottes geschaffener Geist, er lebte im Schoß des Ewigen, aber im Laufe seines Abstiegs in die Materie wurde in ihm die Erinnerung an ein Leben in Frieden, Schönheit und Licht fast verwischt, er vergaß alles. Doch das Erlebte bleibt in dem Bereich eingeprägt, den die Eingeweihten das Überbewusstsein nennen: zugleich der Bereich der

Zukunft und der fernen Vergangenheit, aber letztere reicht noch viel weiter zurück als die, welche wir mit den Tieren teilen. Es handelt sich um die Zeit im Paradies. Will nun der Mensch, dass diese erhabene Welt wieder ins Bewusstsein gelangt und sich manifestiert, dann muss er höheren Impulsen folgen, nachdem er sich zuvor lange vorbereitet und geläutert hat, um in seinem Inneren einige Wege bis hin zu dieser Region zu öffnen. Nur dann wird der Mensch göttliche Strömungen auslösen, die reines Licht, reine Musik, reine Inspiration sind... und sich diesen Strömungen ganz hingeben können. Das eben tun die großen Genies, die großen Künstler: Maler, Dichter, Musiker. Sie öffnen sich höheren Kräften, die sie vollkommen in sich aufnehmen. Aber zuvor haben sie natürlich gearbeitet, haben sie sich geübt, um von diesen höheren Strömungen durchdrungen werden zu können.

In Anbetracht eurer gegenwärtigen Entwicklungsstufe gebt euch lieber nicht euren Trieben hin, sondern kontrolliert und beherrscht sie mit Hilfe des Intellektes. Denn das ist die wahre Aufgabe des Intellektes: bestimmte tierische Triebe zu kontrollieren und zu beherrschen, die möglicherweise in der Vergangenheit nützlich waren, heute aber überflüssig sind. Für jeden beliebigen Beruf verlangt man vom Bewerber, dass er eine Fachprüfung ablegt oder die Materie bewältigt; Maschinen und Apparate vertraut man nicht jemandem an, der

Vom Intellekt zur Ingtelligenz

unfähig ist, sie zu beherrschen. Warum sollte das Gleiche nicht auch für das innere Leben gelten? Ihr müsst es euch zur Gewohnheit machen, über die Beweggründe eurer Handlungen nachzudenken und sie zu analysieren, um eine sorgfältige Auswahl treffen zu können und nur das zu bewahren, was für euch und andere nützlich und förderlich ist. Darin besteht die Arbeit des Intellektes; ist diese Arbeit einmal vollbracht, könnt ihr allen euch überragenden Kräften die Möglichkeit geben, sich zu manifestieren. So werdet ihr zu Übermittlern des Himmels, und Gott wird sich durch euch kundtun. Gestalten, klären, harmonisieren, damit die göttlichen Strömungen durch den Menschen fließen können, wird immer die Aufgabe des Intellektes sein.

Zurzeit wird allerdings der Intellekt nicht so aufgefasst. Seit die Menschen erkannten, dass sie mit seiner Hilfe die Materie erforschen und so auf sie einwirken können, entwickeln sie diese Macht weiter, als gäbe es nichts Wesentlicheres. Deshalb gibt es in der Welt viele Menschen, die sehr gelehrt und gescheit sind. Aber nun erhebt sich die Frage: Warum haben sich die Menschen trotz all dieser Errungenschaften und Kenntnisse nicht gebessert? Im Gegenteil, die Zahl der Missetäter, Straftäter, Verbrecher und Geisteskranken wächst ständig. Hass, Bosheit, Aggressivität und Gewalt werden überall gefördert, und Unordnung, Revolten und

Kriege greifen immer mehr um sich. Ja, man kann nicht umhin, sich zu fragen: Wie kommt es, dass der Intellekt vor diesen Auswüchsen machtlos ist und sie sogar begünstigt?

Man trifft eine Menge Menschen, die auf allen Gebieten ungemein gebildet sind, die aber weiterhin ein ungeordnetes, unehrliches und kriminelles Leben führen wie die Ungebildeten oder sogar noch ein schlimmeres, weil ihr Wissen ihnen mehr Möglichkeiten verschafft, in ihren Unternehmungen erfolgreich zu sein. Dabei ist ihnen aber ein wesentlicher Punkt entgangen: Sie haben den Intellekt, die Fähigkeit des Erkennens übermäßig entwickelt, jedoch es nicht als notwendig erachtet, eine andere Fähigkeit zu entwickeln, die vermag, ihr Wissen lebendig zu machen. Und jetzt wird die ganze Welt – selbst die Spiritualisten – in die falsche Richtung mitgerissen. Sie sind so intellektuell geworden, dass sie kein wahres spirituelles Leben mehr führen, sie strahlen nichts aus, sind unfähig, das Göttliche in den anderen zu erwecken. Sie sind kalt, erstarrt, denn so ist das Wesen des Intellektes: Er ist kalt, nicht lebendig, er ist nicht beseelt.

An sich ist Wissen gut, aber Wissen allein kann die Welt nicht retten, im Gegenteil. Denn je mehr man die Menschen in diese Richtung drängt, desto mehr benutzen sie ihre Kenntnisse, um andere zu beherrschen und zu unterdrücken. Schaut euch nur

Vom Intellekt zur Ingtelligenz

an, wie alle diese begabten und gebildeten Menschen sich betragen! Ihr wendet ein: »Sie benehmen sich so, weil sie so veranlagt sind.« Nein, an allem ist nur das Wissen schuld, das sie erhalten haben oder vielmehr dessen falsche Anwendung, denn sie stärkt geradezu die niedere Natur. Ja, alles, was man den Menschen beibringt, kann von ihnen in den Dienst der niederen Natur gestellt werden. Sie erhalten keinerlei Kenntnisse, die ihnen ermöglichen, an der niederen Natur zu arbeiten, um sie zu beherrschen. Man liefert ihnen geistige Waffen, ohne sie dazu anzuregen, an sich zu arbeiten; natürlich benutzen sie diese, um die niedrigsten Begierden zu befriedigen.

Verblüffend ist es zu sehen, wie sich das Wissen auf die meisten Menschen auswirkt: Sie halten sich gleich für bessere Menschen und werden stolz, hochmütig, ehrgeizig und kalt. Und gerade das ist schlimm! Selbst wenn ihr das gesamte Wissen der Erde besitzen würdet, müsst ihr euch schlicht, warmherzig und zugänglich zeigen.

Wie kann man übersehen, dass gerade die übermäßige Entwicklung des Intellektes zum Untergang der Menschheit führt? Ich kenne die Geschichte des Menschengeschlechtes und weiß, dass mehrmals schon die Menschen von der Erde verschwunden sind, weil sie den gleichen Weg eingeschlagen hatten wie wir heute: zu viele intellektuelle Fähigkeiten, zu viel Wissen und nicht genügend spirituelle Eigenschaften. Gerade darum konnten sie nicht überleben. Ein Wissen, das der Geist nicht lebendig macht, kann nur zur Zerstörung führen.

In meinem Leben bin ich schon sehr begabten Menschen begegnet. Ich war wirklich voller Bewunderung für das, was sie vollbringen konnten, aber nichts war ihnen wichtiger, als ihr eigenes Talent zu pflegen, und genau darin waren sie meiner Meinung nach begrenzt. Talent haben, ist sehr gut, aber man darf dabei nicht stehen bleiben.

Man kann die Menschen in sechs Kategorien einstufen: den Rohling, dem Tier nahe, den gewöhnlichen Menschen, den talentvollen Menschen, das Genie, den Heiligen und schließlich den Meister oder Eingeweihten, der den Engeln nahesteht. Der geniale Mensch überragt bei weitem den talentvollen Menschen, ja, aber der Heilige ist dem Genie überlegen, denn er besitzt Lauterkeit und Liebe, was bei den Genies nicht immer der Fall ist. Und ein Meister? Warum steht ein Meister über dem Heiligen? Der Heilige ist lauter, er lebt in der himmlischen Liebe, aber er besitzt nicht immer das Wissen und die Macht, während ein Meister bereits ein Heiliger ist und überdies Wissen und geistige Macht entwickelt hat.

Talente zu entwickeln genügt nicht, denn – wie aus dem Schaubild ersichtlich ist – Talente ge-

Vom Intellekt zur Ingtelligenz

hören noch dem Bereich der Personalität an; man kann sogar sagen, dass für die meisten Menschen intellektuelle und künstlerische Begabungen nur dazu dienen, die Personalität zu fördern. Man muss darüber hinausgehen und entschlossen sein, die Eigenschaften entwickeln zu wollen, die aus euch ein Genie, einen Heiligen, einen Eingeweihten machen werden. Talente besitzen darf also nicht euer Ideal sein. Euer Ideal muss das allerhöchste sein: der Sonne zu gleichen, Leben zu spenden, Geschöpfe zu erwecken, zu inspirieren und befruchten, wie die Sonne es tut...

HÖHERE NATUR

Atman-Ebene	Große Meister Eingeweihte
Buddhi-Ebene	Heilige
Kausal-Ebene	Genies
Mental-Ebene	Begabte Menschen
Astral-Ebene	Gewöhnliche Menschen
Physische Ebene	Rohe Menschen

NIEDERE NATUR

Die Menschen haben ihren Intellekt entwickelt und dabei die Verbindung mit der höheren Welt abgebrochen. Das stürzte sie ins Unglück. Dieser Bruch hat sie zur Beute der dunklen Kräfte des Unterbewusstseins gemacht, von denen sie ständig schädliche Anregungen erhalten. Denn das Unterbewusstsein ist die tierische Welt, in der die Menschen Millionen von Jahren verbrachten und wo sie sich gegenseitig verschlangen und massakrierten. Jetzt gilt es, diese Welt des Unterbewusstseins zu verlassen; ja selbst über das Bewusstsein hinauszugehen, weil der Mensch auch da von der niederen Welt beeinflusst wird. Der Intellekt arbeitet nur für die Befriedigung der von der niederen Welt erweckten Bedürfnisse. Sich selbst überlassen, kann der Intellekt nicht für ein Ideal von Edelmut und Freigebigkeit arbeiten, sondern nur für den Vorteil der niederen Natur.

Zur Lösung existenzieller Probleme ist der Intellekt unzulänglich. Er ist fähig zu überlegen, um sich bewusst zu machen, was geschieht, aber er kann keine wirkliche Lösung finden. Seine Lösungen sind immer minderer Natur: List anwenden, die anderen übers Ohr hauen, sie auf die Seite schieben, sie zugrunde richten, um sich selbst zu behaupten. Deshalb kann der Intellekt noch nicht der Intelligenz gleichgesetzt werden, er ist zu egoistisch, zu begrenzt. Die wahre Intelligenz beginnt, nachdem der Mensch gelernt hat, seinen Intellekt

Vom Intellekt zur Ingtelligenz

mit der höheren Welt des Überbewusstseins zu verbinden – wenn er fähig ist, Gedanken und Gefühle zu beherrschen, um sie zum Wohle der ganzen Welt einzusetzen.

Alle Menschen, die in diesem Sinne zu arbeiten wussten, vermochten prächtige Werke zu vollbringen, dazu zählen Philosophen, Wissenschaftler und Künstler, aber natürlich vor allem Eingeweihte. Alle anderen – Krieger und Eroberer – die die Welt verwüsteten, sollte man vergessen, aus dem Gedächtnis löschen; es wird bestimmt für die Geschichte kein großer Verlust sein. Stattdessen sollte man nur bei den Menschen verweilen, welche in Verbindung mit der höheren Welt standen, die sie dazu inspirierte, zum Fortschritt der ganzen Menschheit beizutragen.

Folgendes sollt ihr euch also gut merken: Selbstverständlich darf der Mensch seinen Intellekt benutzen, um Wissen anzusammeln, das ihm ermöglicht, auf die Materie einzuwirken, aber der Wille, die himmlischen Strömungen vom Überbewusstsein bis ins Bewusstsein, ja, sogar bis ins Unterbewusstsein herabsteigen zu lassen, soll seine Aktivitäten inspirieren, damit das Unterbewusstsein vom Schmutz befreit und geläutert werde und die Raubtiere gebändigt werden. Nur so kann der Intellekt zur wahren Intelligenz werden.

IX

DIE WAHRE ERLEUCHTUNG

Die Schüler einer Einweihungsschule lernen, die Denktätigkeit zu unterbrechen, um in andere, weit entfernte und schönere Welten eindringen zu können und dort die erlesenen Früchte der Verzückung und der Ekstase zu kosten. Die Weisen Indiens sagen, der Intellekt töte die Wirklichkeit ab. Das ist wahr: Es ist unmöglich, mit dem Intellekt die Wirklichkeit zu erfassen. Man wird vielleicht eine Menge Einzelheiten an der Oberfläche erkennen, aber niemals die Wirklichkeit, den Kern der Dinge. Dem Herzen ist es gegeben, die Wirklichkeit zu ergründen.

Die Oberfläche und der Kern der Dinge... die objektive und die subjektive Welt... Beide Seiten gibt es. Der Intellekt ist dazu vorbestimmt, die objektive Welt zu erkunden und das Herz die subjektive. Sprechen aber die Eingeweihten vom Herzen, dann meinen sie nicht das physische Herz und nicht einmal das Gefühl. Für die Eingeweihten ist die Intelligenz des Herzens verbunden mit der Seele und all ihren Fähigkeiten, die Dinge wirklich zu erkennen, bis zu ihrem Kern vorzudringen. Sonst kann die Empfindung kein zuverlässiger Maßstab sein. Wie viele Menschen führen alles auf ihre eigenen Empfindungen zurück! Sicher stellen diese Empfindungen eine Wirklichkeit dar, aber sie beziehen sich auf ganz besondere Fälle, sie sind also nicht allgemeingültig und oft sogar irrig und krankhaft. Die Menschen hingegen, die nur mit dem Intellekt arbeiten, wissen überhaupt nicht, was die Wirklichkeit ist. Beide verdienen also unser Vertrauen nicht.

Die Einweihungswissenschaft unterscheidet eine niedere und eine höhere Art von Gedanken und Gefühlen. Auf der Kausalebene, die sich über den Astral- und Mentalebenen befindet, gehen Denken und Empfindungen ineinander über, sodass Empfinden und Verstehen zugleich vollzogen werden. So etwas ist unfassbar für die Menschen, die vom eigenen Wesen nur die Manifestationen der physischen, astralen und mentalen Körper kennen. Dass es möglich ist, auf einer höheren Stufe zu denken, fühlen und handeln, davon haben sie keine Ahnung. Allein derjenige, der Erfahrungen in jener Welt sammelte, der Ekstasen erlebte, kennt diesen Zustand, wo die Denkfähigkeit aufhört, während eine andere Fähigkeit erwacht, die zugleich Emp-

Die wahre Erleuchtung

finden und Verstehen ist, aber ohne dass der Intellekt eingreift.

Für mich ist das alles sehr klar, weil der Himmel mir die Möglichkeit gab, diese Zustände zu erleben: Diese Gegebenheiten habe ich berührt, gespürt und verstanden. Es wird allerdings schwieriger, wenn man versucht, diese Erfahrungen, die einer anderen Dimension angehören, Dritten zu erklären. Es ist unmöglich, sie begreiflich zu machen. Aber ich möchte, dass ihr wenigstens eines versteht: Ihr dürft euch nicht einbilden, durch den Intellekt allein die Wahrheit erkennen zu können. Vielmehr sollt ihr daran gehen, einen höheren Intellekt zu erwecken, der mit dem Intellekt nichts Gemeinsames hat, mit dem Geist aber identisch ist. Andererseits muss die Seele erweckt werden, denn das Herz allein vermag nicht, die Gesamtheit der Gefühle zu empfinden.

Die meisten Menschen schwanken zwischen Herz und Intellekt und begreifen nicht, dass beide zwar nützlich und notwendig aber unzureichend sind und dass eine dritte Fähigkeit entwickelt werden muss: die Intuition. Die Intuition ist zugleich Intelligenz und Empfindungsvermögen, nur auf einer höheren Ebene. Die Intuition offenbart euch die Wahrheit in ihrer Vollständigkeit und ist der Hellsichtigkeit überlegen. Denn die Hellsichtigkeit enthüllt euch nichts anderes als die objektive Vision der Astral- oder Mentalebene: Ihr seht und seid erschreckt oder entzückt – mehr nicht. Mit der Intuition hingegen seht ihr nichts, aber ihr versteht alles, als ob ihr hundertmal besser sehen würdet, und ihr erlebt, ihr spürt. Die Intuition überragt also die Hellsichtigkeit: Nur sie bringt die Erleuchtung.

Spiritualisten, besonders im Orient, versuchen diese höhere Ebene zu erreichen, indem sie die Leere in sich herstellen. Ich will gerne glauben, dass dies manchen gelingt, aber als ich in Japan war, habe ich mich eine Zeit lang in einem buddhistischen Kloster in den Bergen aufgehalten – es war in der Nähe von Tokio –, und da habe ich beobachtet, wie die Mönche lebten, meditierten und Übungen praktizierten. Meine Möglichkeiten, die Dinge zu durchschauen, sind vielleicht begrenzt – das gebe ich zu – aber mit meinen einfachen Mitteln musste ich leider feststellen, nachdem ich an allen Aktivitäten der Mönche teilgenommen hatte, dass diese innere Leere – so wie sie sie verstanden – tatsächlich leer war. Ich möchte keine Kritik üben, aber ich weiß von der wahren Einweihungswissenschaft her, dass die Leere kein Ziel an sich sein darf. Die Leere soll hergestellt werden, um die Fülle anzuziehen, und diese Fülle muss sich dann auf dem Gesicht und an der ganzen Haltung des Schülers oder des Eingeweihten widerspiegeln.

Als ich nun in diesem buddhistischen Kloster in Japan war, nahm ich am ganz frühen Morgen

Die wahre Erleuchtung

und am Abend an Meditationen teil. Ich war immer erstaunt festzustellen, dass nach diesen Meditationen, die sehr lang währten, nicht die geringste Veränderung auf den Gesichtern der Mönche zu sehen war, kein Licht, nichts. Waren sie müde? Waren sie nach Jahren des Übens überdrüssig? Ich weiß es nicht. Aber ich meine, wenn man meditiert und in Verbindung mit dem göttlichen Licht tritt und dennoch auf dem Gesicht nichts Neues, nichts Lebendiges, Lichtvolles, Ausdrucksvolles erscheint, dann war eben diese Meditation nutzlos. Ich wiederhole es, die innere Leere ist kein Ziel an sich. Sie muss dazu dienen, die Fülle anzuziehen.

Die Leere ist die Manifestation des weiblichen Prinzips und die Fülle die des männlichen. Wenn nun beide nicht zusammenarbeiten, kommt es zu keinem Ergebnis. Ihr habt einen Feuerstein – das weibliche Prinzip – und schlagt mit einem Stück Eisen darauf – das männliche Prinzip. Solange die Funken das Holz oder das Papier nicht entflammen, hat man nichts erreicht. Wie viele Meditationen sind so gescheitert! Ihr seht, die beiden Prinzipien – Männlich und Weiblich – offenbaren mir alle Mysterien des Universums. Will ich etwas kennenlernen, dann rufe ich aus: »O, ihr beiden Prinzipien, ewig Weibliches und ewig Männliches, kommt und erleuchtet mich!« und sie erklären mir alles.

Ich möchte noch einmal ausdrücklich darauf hinweisen: Die Leere muss dazu dienen, die Fülle anzuziehen, sonst ist diese Leere nutzlos. Und sie ist nicht nur nutzlos, sondern auch gefährlich. Mancher bildet sich ein, er könne in diesem Zustand der inneren Leere, der Passivität, Gott empfangen. Nein, wenn man passiv ist, ist es zweifelhaft, ob man Gott selber empfängt oder vielmehr negative Wesen der unsichtbaren Welt, die sich beim Anblick eines derart schwachen und schutzlosen Kerls freuen, eine Wohnstätte gefunden zu haben, wo sie hineinschlüpfen und sich niederlassen können. Ja, wer sich gedankenlos hingibt, ohne zuvor das aktive, dynamische Prinzip entwickelt zu haben, um sich zu schützen, ist den schlimmsten Wesenheiten ausgeliefert.

Wenn ihr meditiert, müsst ihr zuerst still und friedlich sein, um euch zu entspannen und zu beruhigen. Nach einigen Minuten werdet ihr aktiv und dynamisch; ihr konzentriert euch, sendet eure Gedanken und Gefühle in die gewählte Richtung aus und steigert sie, um in euch ein Gefühl der Beglückung und der Entzückung hervorzurufen... In diesem Moment haltet ihr inne, um die Leere herzustellen, und ihr schaltet die Gedanken ab: Ihr spürt nur noch. Unter diesen Bedingungen lauft ihr keine Gefahr mehr. Da es euch gelungen ist, aktiv und strahlend zu sein, werden die bösartigen Wesenheiten auf Distanz gehalten, die in der Hoffnung, sich in euch einschleichen zu können, herbeikommen, denn sie wollen sich von euch ernähren und euch aussaugen. Um gefahrlos die Leere in sich herstellen zu können, bedarf es zuvor einer gewaltigen gründlichen Reinigungsarbeit. Was wollt ihr denn sonst anziehen, wenn ihr euch nicht vollkommen geläutert habt? Alle Unreinheiten im Inneren ziehen unerwünschte Wesen an! Zu viele Menschen möchten himmlische Strömungen empfangen, ohne entsagen und opfern gelernt und natürlich praktiziert zu haben. Als ob das so einfach wäre! Sie wollen sofort alles vom Himmel haben, alle Begabungen und alle Eigenschaften und als Gegenleistung lediglich die Leere in sich herstellen. Die Leere ist jedoch äußerst gefährlich, wenn man nicht weiß, wie man sich darauf vorbereiten muss, damit die Leere tatsächlich die Fülle anzieht.

Zunächst sollte man die eigene Aktivität und Dynamik entwickeln, danach kann man es gefahrlos wagen, die Bereiche von Passivität, Medialität und Hellsichtigkeit zu erforschen, weil man dann in Gottes Schutz steht. Aber sich so einfach dem Nichts hingeben und sich einbilden, der Heilige Geist werde kommen... Ja, es kommt schon jemand, aber es ist gar nicht so sicher, dass es der Heilige Geist ist! Denn wenn ihr euch nicht zuvor innerlich gereinigt habt, wie soll sich dann der Heilige Geist in euch niederlassen? Der Heilige Geist lässt sich nicht in einem Sumpf nieder! Niedere Wesenheiten werden kommen, weil sie von euren Leidenschaften und niederen Wünschen angezogen werden, die für sie ein gefundenes Fressen darstellen. Aber der Heilige Geist kommt nicht! Er kommt erst, nachdem ihr euch gründlich und wahrhaftig gereinigt habt; wenn Er dann kommt, werdet ihr erleuchtet.

X

DER KAUSALKÖRPER

Wer im spirituellen Leben Ergebnisse erzielen will, muss sich auf einen hohen Berg begeben. Dieser Berg ist euer eigener Berg, euer Kausalkörper. Man muss ihn erklimmen, um dem Nebel und dem Staub zu entkommen. Berg, Nebel und Staub sind natürlich Symbole. Der Staub verdunkelt den auf allen Wegen herumlungernden Intellekt. Der Nebel entsteht durch die Feuchtigkeit des Herzens, das zu übertriebener Rührseligkeit und Erregbarkeit neigt und euch daran hindert, klar zu sehen.

Um dem Staub des Intellektes und dem Nebel des Herzens zu entkommen, muss man über die Astral- und die Mentalebenen hinausgehen und auf die Kausalebene aufsteigen. Versucht deshalb, euch in euren Meditationen und Gebeten so hoch wie möglich emporzuheben. Ja, ihr könnt euch sogar vorstellen, dass ihr einen Berg besteigt. Das Bild führt euch zu einem inneren Berg, und ihr erreicht den Gipfel – die Kausalebene –, wo ihr viel günstigere Voraussetzungen vorfindet, um spirituelle

Gedanken und Wünsche zu verwirklichen. In der Kabbala wird Gott immer der Allerhöchste genannt, weil man – symbolisch gesehen – nur in der Höhe mächtig und allwissend sein kann.

Nur wer sein Haus auf einer Höhe errichtet, ist in Sicherheit. Darum sagte Jesus: *»Errichtet euer Haus auf dem Felsen.«* Der Felsen ist ein Symbol der Kausalebene. Auf dieser Ebene seid ihr in Sicherheit, nichts kann euch erreichen, denn ihr steht über allem. Wenn ihr hingegen eure Wohnung auf der Astralebene errichtet, wo Leidenschaften, Versuchungen, Aufwallungen und Vulkanausbrüche herrschen – oder auch auf der physischen Ebene oder der Mentalebene – bleibt ihr immer verwundbar.

Den gleichen Gedanken kleidete Jesus auch in eine andere Form, als er sagte: *»Ihr sollt euch nicht Schätze sammeln auf Erden, wo sie die Würmer und der Rost fressen und wo die Diebe einbrechen und stehlen«* (Mt 6,19). Ich erklärte euch bereits, dass Rost, Würmer und Diebe Symbole sind: Der Rost ist das Symbol für die Bedrohungen im physischen Bereich, die Würmer für die Astralebene und die Diebe für die Mentalebene. Der Schüler muss also die physische, astrale und mentale Ebene verlassen, wo er stets gefährdet und verwundbar ist, um auf die Kausalebene zu gelangen. Nur die auf der Kausalebene angehäuften Reichtümer bleiben ewig erhalten.

Der Kausalkörper

Wie viele Menschen klagen über Einsamkeit und Armut, dass sie auf nichts und niemanden zählen können! Sie hatten sich nämlich eingebildet, die anderen würden ihnen immer zur Verfügung stehen, und, wenn sie ihrer bedürften, immer da sein – bereit, sie anzuhören und ihnen zu helfen. Aber Menschen wie Umstände wandeln sich. Das Vernünftigste ist also, sich mit den Menschen zu treffen, sie häufig zu besuchen, sie zu lieben, ohne sich auf ihre Beständigkeit zu verlassen. Sonst werdet ihr euch Illusionen hingeben und früher oder später unglücklich sein, wenn ihr feststellt, dass die Dinge doch nicht so ablaufen, wie ihr es euch vorgestellt habt. Selbst eure Kinder – das solltet ihr im Voraus wissen – bleiben nicht wie sie sind, und eines Tages werden sie euch sogar verlassen. Wenn es vorkommt, dass die Menschen sich eurem Wunsch gemäß verhalten, dann freut euch, verlasst euch aber nicht darauf!

Um sich nicht unnütz Sorgen und Kummer zu machen, muss man wissen, dass alles im ständigen Wandel begriffen ist, dass nichts von Bestand ist. Habt ihr das einmal begriffen, so seid ihr nicht mehr unglücklich, denn euer Kapital ist nicht in einer Bank angelegt, von der man weiß, dass sie nicht zu retten ist und in Konkurs gehen wird, sondern ihr arbeitet an euch selbst, um euch zu entfalten, zu stärken, zu erleuchten. Nur das ist sicher.

Weisheit heißt, auf nichts außerhalb seiner selbst zu zählen, weder auf Eltern noch auf Freunde oder Besitztümer, sondern am göttlichen Funken, den jeder in sich hegt, zu arbeiten, um eines Tages die wahre Beständigkeit, das wahre Glück zu erlangen.

Dieses Wissen fasste Jesus zusammen, als er sagte: »*Baut euer Haus auf Fels*« *(Mt 7,24)*. Natürlich ist das symbolisch zu verstehen, denn selbst auf einem Felsen kann ein Haus zerstört werden. Damit aber meinte er: Flüchtet euch nicht auf die Astralebene mitten in die Erregungen, Empfindungen, Gefühle, denn dort seid ihr Unwetter und Sturm ausgesetzt und findet keine Stabilität. Einmal seid ihr fröhlich, und dann weint ihr. Heute habt ihr jemanden geküsst und seid glücklich, und morgen verlässt er euch und ihr leidet. Aber auch die Mentalebene ist nicht sicher. Welches Vertrauen kann man schon den Gedankengebäuden oder den Machenschaften des menschlichen Intellektes schenken?

Das Herz hat nur zur Aufgabe, den Intellekt auszubalancieren. Es gibt Menschen, die ihre Gefühle vollkommen unterdrücken, um nur dem Intellekt zu folgen, und das ist genauso schlecht, denn sie trocknen aus. Herz und Intellekt sind unentbehrlich, aber zunächst muss man das rechte Maß für die Forderungen eines jeden finden und dann versuchen, auf einer höheren Ebene als die des Intellektes zu leben. Wenn ich euch rate, nicht immer dem Herzen nachzugeben, dann glaubt nicht, ich wolle euch dazu bringen, nur dem Intellekt zu folgen, nein, denn der Intellekt vermag nicht alle Probleme zu lösen. Weder Herz noch Intellekt vermögen dies.

Weder auf Herz noch Intellekt kann verzichtet werden, das ist klar; aber ihr solltet wenigstens nicht dort eure »Wohnung«, euren Zufluchtsort errichten. Eure Wohnung sollte viel höher liegen – auf der Kausalebene – ihr solltet also einfach umziehen und die höheren Etagen beziehen.

Umziehen ist natürlich nicht so einfach, denn Generationen haben ihre Häuser auf den niederen Stufen der Astral- und Mentalebene errichtet und sich daran gewöhnt, mitten in Leidenschaften und Streitereien zu leben. Es ist schrecklich mit anzusehen, in welchen Gegenden sich die Menschen niedergelassen haben, um ihr Leben zu verbringen! Und dann bilden sie sich ein – unwissend wie sie sind – sie könnten Probleme lösen... Nein, in diesen windigen und sturmbewegten Regionen gibt es kein einziges Mittel zur Lösung ihrer Probleme. Wo Intelligenz, Liebe und Frieden herrschen, haben sich dagegen nur wenige niedergelassen, um frei handeln zu können. Auch sie müssen sich natürlich den Wirbelstürmen und Widerwärtigkeiten des Lebens stellen, aber ihr wahres Zuhause ist nicht da: Sie wohnen in der Höhe.

Solange man nicht danach strebt, in die höheren Welten aufzusteigen, findet man immer einen Vorwand, um sich aufzulehnen, zu schimpfen, zu jammern, besonders wenn man auf der Astralebene bleibt. Jammern und Klagen führen zu nichts. Aber wie viele Menschen sieht man, die Sklaven ihrer Gefühle sind. Sie schleppen sie überall hin, sie bieten sie anderen dar, um hier und da Sympathie, Mitgefühl und Zustimmung zu erheischen. Die menschliche Natur ist wahrhaft komisch! Anstatt sich immer mit seinen eigenen Gefühlen zu beschäftigen, sollte man umziehen und sich in jener Gegend der reinen Vernunft, der reinen Wahrheit, des reinen Lichtes niederlassen. Dort befinden sich alle Methoden, alle Lösungen, aber sie müssen gesucht werden.

Und wenn ihr jetzt fragt, warum im Leben eines jeden so viele Umwälzungen stattfinden, dann antworte ich Folgendes: Dies geschieht, damit wir erkennen, wie wir denken, worauf wir zählen und woran wir arbeiten sollen. Alles dient also dazu, uns zu einem viel tieferen, umfassenderen, wahrhaftigeren Verständnis zu führen. Seht ihr das nicht ein, dann müsst ihr eben weiter leiden. Aber wenn ihr versteht, dass alle Geschehnisse in eurem Leben ebenso viele Gelegenheiten zur Höherentwicklung, Veredelung, Stärkung und vor allem zur Befreiung sind, werdet ihr glücklich sein statt zu jammern, ihr werdet dem Himmel danken und sa-

Der Kausalkörper

gen: »O Herr, wenn es an mir gewesen wäre zu entscheiden, endlich bis zu Dir hinaufzusteigen, ich glaube, ich hätte nicht in dieser oder gar der nächsten Inkarnation den Entschluss gefasst. Mein Gott, wie gut Du bist! Du willst mich aus den Sümpfen, in denen ich herumwate, herausholen. Ich danke Dir!« Und ihr stürzt euch auf jede sich bietende Gelegenheit, um sie mit dem neuen Verständnis auszuwerten.

Anstatt immer neue Gründe zu finden, euch zu beklagen und aufzulehnen, sollte es euch zur Gewohnheit werden, nachzudenken, zu überlegen, zu forschen und umzuziehen in diese höhere Region – die Kausalebene, den Felsen, von dem Jesus spricht. Ihr sagt: »Gut, wir ziehen um, wir nehmen ein Auto und laden unser ganzes Gepäck ein.« Ich bin der Meinung, ihr solltet lieber nichts mitnehmen, denn alle diese Sachen sind eine zu große Last! Nehmt euch lieber vor, neue Gegenstände, ein anderes Mobiliar, aus einer feinstofflichen, lichtvollen, ätherischen Materie herzustellen. Lasst also eure alten Schränke aus der Zeit Ludwig XIV. oder Ludwig XV. beiseite, lasst alles zurück und richtet euch auf diesem Gipfel ein, wo die Materie am festesten und am widerstandsfähigsten ist, weil sie rein ist.

Ihr fragt: »Wo können wir diese Region finden?« Im Baum des Lebens stellt die Sephira Binah die Kausalebene dar, die Region der Vierundzwanzig Ältesten, von denen Johannes in der Apokalypse sagte: »*Ich sehe vierundzwanzig Throne; auf diesen vierundzwanzig Thronen sitzen vierundzwanzig Älteste, gekleidet in weiß, und auf ihren Häuptern Kronen aus Gold.*« Diese Vierundzwanzig Ältesten sitzen auf dem umwandelbaren Felsen, den Thronen, von wo aus sie alle Schicksale lenken.

Binah ist die Region der göttlichen Intelligenz. In der Region von Jesod könnt ihr noch das Opfer von Illusionen und Nebel werden. Selbst die Region von Hod, dem Intellekt oder von Netzach, der Liebe, darf nicht euer endgültiger Wohnsitz sein. Ihr müsst viel höher hinaufsteigen, bis zu Binah; dort stellt ihr einen kleinen Wohnwagen hin oder baut euer Zelt auf, wenn es euch lieber ist. Denn Binah ist wirklich der himmlische Zufluchtsort, von dem es im Psalm 91 heißt: »*Meine Zuversicht und meine Burg, mein Gott, auf den ich hoffe.*«

Das müsst ihr jetzt natürlich richtig verstehen. Wenn ich euch die Worte Jesu oder des Psalmisten auslege, so fordere ich euch damit nicht dazu auf, euch den Verpflichtungen gegenüber der Familie zu entziehen. Seinen Ehepartner unter dem Vorwand zu verlassen, dass man sich befreien will, ist ja keine Lösung, denn auf diese Weise bürdet man sich neue Schulden auf, die man dann in einer nächsten Inkarnation begleichen muss. Man kann sich nicht befreien, solange man nicht schuldenfrei

Der Kausalkörper

ist. Alle verlangen nur nach Freiheit, ja, aber man muss über die Freiheit genau unterrichtet sein, sonst fesselt man sich umso mehr, je mehr man sich befreien will. Sich befreien ist nicht so leicht, wie ihr glaubt. Und gerade wenn man sich befreien will, nimmt man oft wahr, wie sehr man in Fesseln liegt. Man bildete sich ein, das Durchtrennen von materiellen, physischen Banden führe zur Freiheit... Oh nein, um sich von belastenden Erinnerungen, Bildern und Eindrücken zu befreien, bedarf es manchmal eines ganzen Lebens, und selbst das genügt mitunter nicht. Man befreit sich physisch aus einer schwierigen Lage, aber innerlich schleppt man eine niederdrückende Last mit sich...

Nun, alle Probleme können nicht auf einmal gelöst werden. Und selbst wenn ihr beschließt umzuziehen – wisst ihr wie lange ihr für diesen Umzug braucht? Ihr werdet sehen, wie sehr ihr noch angebunden seid. Stellt euch vor, ein Fisch entschließe sich, das Meer oder den Fluss zu verlassen, um sich auf dem Land niederzulassen: Er würde sterben. Um am Leben zu bleiben, hätte er sich Lungen wachsen lassen müssen, nur hat er keine. Auch für den Umzug muss man sich vorbereiten. Denn – angenommen es sei euch gelungen, euch in die höheren Regionen zu erheben – ihr könnt nicht dort bleiben, wenn ihr nicht die dazugehörigen Fähigkeiten entwickelt habt. Kaum dort angekommen, würdet ihr wieder auf die Erde zurückkehren wollen. Ihr würdet sagen: »Hier langweile ich mich; es gibt weder Zigaretten, noch Kneipen oder Diskotheken. Ich will rauchen, trinken und hübsche Frauen küssen. Ich will wieder auf die Erde.« Um in den feinstofflichen Regionen leben zu können, darf man keine derart niedrigen Bedürfnisse haben. Darum können nicht alle umziehen. Menschen, die man mit Gewalt umsiedeln würde, machten sich sofort wieder aus dem Staube, da sie die Situation unerträglich fänden.

Versucht jedoch trotz allem, eure Wohnstätte auf der Kausalebene zu errichten. Die Menschen haben schon seit Millionen von Jahren auf der Erde eine beachtliche Evolution durchlaufen, und wenn ihr euch Mühe gebt, jeden Tag zu üben, zu meditieren, geeignete Gehirnzellen einzuspannen, könnt ihr euch der göttlichen Welt nähern. Wenn ihr mit dieser Arbeit vertraut seid, werdet ihr immer fortschreiten und eine bessere, weitere, klarere Auffassung haben... bis es euch auf einmal gelingt, euch endgültig in dieser gesegneten Region niederzulassen.

XI

DAS BEWUSSTSEIN

I

Unter Bewusstsein versteht man gewöhnlich einen Ort, an dem sich alle Repräsentanten unseres physischen Organismus ein Stelldichein geben. Es kann in etwa mit der Organisation der Vereinten Nationen in Genf verglichen werden. Genf ist eine Stadt, in der die Repräsentanten der Großmächte – Freunde wie Feinde – sich begegnen, um zu verhandeln und Probleme zu regeln; und so wird diese Stadt – wenigstens für einige Zeit – zum »Bewusstsein der Welt«: Es gibt Aussprachen, Verhandlungen und Beschlüsse. Ähnlicherweise ist das Bewusstsein eine Art Niemandsland, wo – je nach Möglichkeit – sehr unterschiedliche Elemente und Kräfte zum Ausdruck kommen. Jeder will ein Wörtchen mitreden. Das Bewusstsein kann auch mit einer Tafel oder einer Leinwand verglichen werden, auf der alles erscheint, was in der Welt des Menschen geschieht.

Je nach Entwicklungsgrad des Menschen sind Art und Anzahl dieser Bilder natürlich verschieden.

Stellt euch ein Dorf vor – so wie es früher war –, wo der Ausrufer Ankündigungen machte, nachdem er mit seiner kleinen Trompete die Bewohner hatte aufhorchen lassen: An- und Verkäufe, Beschlüsse des Gemeinderates usw. Die anderen Dörfer hörten natürlich nichts davon. Aber nehmt einmal an, diese Ankündigungen seien am Himmel geschrieben mit gigantischen Buchstaben aus Feuer, die ganze Welt könnte sie lesen... Das Bewusstsein kann auf die Ankündigungen des Ausrufers begrenzt sein, aber es kann auch die Dimensionen des Universums annehmen.

Es kommt auch vor, dass jemand seinen Willen und seine Wünsche auf eure Leinwand projiziert und euch dazu drängt, seine Wünsche zu erfüllen, ohne dass ihr euch dessen bewusst seid. Ihr glaubt aus eigenem Antrieb zu handeln, aber in Wirklichkeit steuert euch jemand aus der Ferne.

Die Menschen sollten also unbedingt in der Einweihungswissenschaft unterrichtet werden, um Herr über ihr Bewusstsein zu werden und sich weder durch äußere Kräfte von überallher noch von irgendwelchen Kräften aus dem Unterbewusstsein beeinflussen zu lassen. Auch ein Eingeweihter kann nicht verhindern, dass finstere Bilder oder Eingebungen bis in sein Bewusstsein vordringen und versuchen, ihn in seiner Arbeit zu stören, aber er weiß, wie sie zurückzuweisen sind. Das Bewusstsein eines gewöhnlichen Menschen hingegen

Das Bewusstsein

ist eine Leinwand, auf der alle Impulse, auch die verworrensten, abgebildet werden, sodass es ihm nicht gelingt, ein unabhängiges Leben zu führen: Er wird ständig gehetzt und niedergetrampelt. Dauernd muss er diskutieren und kämpfen, denn Bauch, Magen, Geschlecht, Leber, Gehirn und Herz, alle senden ohne Unterlass Abgeordnete, und jeder stellt eigene Ansprüche. Was für ein Wirrwarr!

Ein Eingeweihter ist sich klar, dass die eigenen Interessen der verschiedenen Körper und Organe sich zum Vorteil des ganzen Menschen zusammenfinden müssen. Deshalb gebietet er allen Abgeordneten, miteinander zu harmonieren, und so wird sein Bewusstsein zum Überbewusstsein. Das Bewusstsein der gewöhnlichen Menschen ist oft nichts anderes als die Manifestation des Unterbewusstseins: Alle ererbten Triebe, alle tierischen Neigungen versuchen ständig sich hervorzudrängen, um sich auf die Leinwand zu projizieren. Der Schüler, der sich auf den Weg der Einweihung begibt, muss sich deshalb auf Überraschungen gefasst machen. Er hat vor zu beten, gut und lauter zu sein, aber in ihm fängt ein anderer Wunsch an, laut zu werden: »Oh nein, nicht das, ich will etwas anderes...« Dann kapituliert der arme Schüler oft. Kämpft er aber trotz allem gegen diese niederen Wünsche weiter, dann gelingt es ihm mehr und mehr, sich zu befreien und unabhängig zu werden;

er tritt schon ins Überbewusstsein ein. Denn himmlische Wesen helfen ihm jetzt und segnen ihn: Er fühlt sich unterstützt, erleuchtet und spürt, dass sein Bewusstsein sich zu weiten, zu erhellen beginnt. Das will nicht heißen, dass er mit der unterirdischen Welt bricht, nein, aber da er sich anstrengt und die göttliche Welt um Hilfe anfleht, errichtet er so etwas wie eine Barriere zwischen sich und den niederen Regionen, und nichts mehr kann diese unbeschreiblich schönen Bilder aus dem Himmel zerstören.

Die Frage des Bewusstseins versteht ihr besser, wenn ihr euch das Schaubild noch einmal anschaut, das die verschiedenen Körper darstellt (Kapitel 3). Wie wir sahen, entsprechen der physische, der astrale und der mentale Körper der niederen Natur; Kausal-, Buddhi- und Atmankörper bilden die höhere Natur. Der Mensch besitzt zwei Naturen, die mit dem gleichen Handlungs-, Empfindungs- und Denkvermögen ausgestattet sind. Die eine auf einem niederen Niveau, die andere auf einem höheren, aber beide Naturen sind nicht voneinander getrennt. Wie das Schaubild zeigt, steht jeder der niederen Körper mit einem der höheren in Beziehung: der physische Körper mit dem Atmankörper, der Astralkörper mit dem Buddhikörper und der Mentalkörper mit dem Kausalkörper. Ziel der Evolution ist die Inkarnation eines jeden der höheren Körper in dem ihm entsprechenden niederen Körper. Ist es so weit, dann wird der Mensch erleuchtet, weil die göttliche Natur sich in ihm niedergelassen hat. Die Grenzlinie zwischen den höheren und niederen Körpern stellt das Bewusstsein dar, das einer Leinwand ähnlich ist, auf der sich Personalität und Individualität abbilden.

Nun muss man sich fragen: Warum lässt sich jemand, der genau weiß, was Evolution, Befreiung und Selbstbeherrschung bedeuten, von der Personalität mitreißen? Weil er eben den Bewusstseinsgrad, den er bis dahin erreicht hat, der Arbeit der Personalität verdankt. Er hat noch nicht das Überbewusstsein erreicht, das der für die Individualität charakteristische Bewusstseinsgrad ist. Wenn er das erweiterte Bewusstsein besäße, das die Individualität kennzeichnet, würde er begreifen, dass alle Wesen zusammengehören, dass sie eine Einheit im Ozean des universellen Lebens darstellen, wo alle Geschöpfe schwimmen. Außerdem hätte er andere Empfindungen als die, welche er für gewöhnlich kennt: Empfindungen der Freude, Entzückung, der grenzenlosen Weite... Da aber sein von der Personalität geformtes Bewusstsein Wurzeln in die drei Körper der Personalität treibt, ist es begrenzt. Wir sind unserer selbst bewusst in dem Maße, wie wir denken, fühlen und handeln. Aber dieses Ich-Bewusstsein ist ein begrenztes Bewusstsein, ein Bewusstsein der Getrenntheit: Das

Ich fühlt sich immer vom Ganzen ausgeschlossen, von anderen Menschen und der Natur abgetrennt.

Deshalb haben alle in einer Einweihungsschule gelehrten Übungen zum Ziel, dem Menschen die Möglichkeit zu geben, eine Verbindung zwischen seiner niederen und höheren Natur herzustellen. Eine der wirksamsten Übungen ist die Identifikation mit dem himmlischen Wesen: mit Christus, dem Herrn, der Göttlichen Mutter... Ihr wendet ein: »Aber das ist doch Wahnsinn!« Ja, man kennt leider Fälle, wo diese falsch verstandene Identifikation sich in Wahnsinn verwandelte. Zwischen einem Wahnsinnigen und einem Eingeweihten – sowie zwischen einem Wahnsinnigen und einem Genie – besteht oft kein so großer Unterschied. Jemand hält sich für Christus, und er ist ganz einfach verrückt, weil er die Einweihung bestehen wollte, ohne die Methoden richtig anzuwenden. Hätte er es gekonnt, wäre er wirklich in Christus aufgegangen. Anderen, hochentwickelten Menschen ist dies gelungen, ohne aus dem Gleichgewicht zu geraten. Man muss also bestimmte Regeln und Methoden kennen, die eben hier vermittelt werden.

Wenn ihr vom Bewusstsein zum Überbewusstsein gelangen wollt, das dem höheren Selbst entspricht, bedeutet das eine so große Veränderung im Inneren, dass es zu den schwersten Anomalien kommen kann, wenn man die Methoden verkennt, dank derer sich alles harmonisch vollzieht. So geschah es vielen Mystikern und Spiritualisten, die nicht richtig zu arbeiten wussten: Sie kannten das Maß oder die Gesetze nicht, und das rief dann Störungen in ihrem Nervensystem hervor oder aber sie zogen – ohne es zu wissen – schädliche Wesenheiten an, die sich ihrer bemächtigten. Deshalb werden heute die Spiritualisten leicht als ein wenig geistesverwirrt betrachtet.

Der Mensch muss wissen, dass er durch seine Lebens- und Arbeitsweise auf derselben Wellenlänge wie bestimmte Wesenheiten steht und sie so anzieht. Der ägyptische Eingeweihte, der sich durch Konzentration, Rezitation von Formeln, Tragen von Gewändern oder gar von Masken mit dem Gott Osiris oder Horus identifizieren wollte, wurde wahrhaft für eine Weile die Inkarnation einer dieser Gottheiten: Es gelang ihm, genau in derselben Wellenlänge zu schwingen wie diese erhabene Wesenheit, die wirklich durch ihn sprach und sich in ihm verkörperte. Um die Verbindung herzustellen, muss man die gleiche Schwingungsintensität erreichen. Das ist übrigens das physikalische Gesetz, auf dem der Rundfunk basiert.

Schon lange bevor die Physiker das erkannten, war dieses Gesetz den Eingeweihten sehr genau bekannt, und da diese wussten, dass es nicht nur auf der physischen Ebene wirksam ist, sondern auch auf der psychischen, geistigen Ebene, vermittelten sie ihren Schülern Methoden, um im Einklang mit dieser oder jener Wesenheit mitzuschwingen und somit deren Botschaften zu empfangen. Diese Wesenheit konnte sogar durch sie sprechen, aber wenn dann die Schüler in ihren Körper zurückkehrten, erinnerten sich manche nicht einmal mehr an das, was sie gesagt hatten. Das Gleiche geschieht gewissermaßen auch mit manchen Geisteskranken: Unwissentlich treten sie in Verbindung mit dunklen Wesenheiten oder schädlichen Strömungen und vergessen danach völlig die unsinnigen oder gar kriminellen Handlungen, die sie begangen haben.

Aber kehren wir zum Bewusstsein zurück. Im Allgemeinen spiegelt das Bewusstsein die vorherrschenden Gedanken und die Lebensweise des Menschen wider. Es existiert nur als Resultat aller in ihm ablaufenden physischen Prozesse. Es ist wie eine Leinwand, auf welcher sich die Bilder seines äußeren und inneren Lebens abbilden. Wenn euer Bewusstsein unglücklich ist, wenn es von Ängsten und Zwangsvorstellungen geplagt wird, ist es sinnlos zu versuchen, diesen Ängsten und Zwangsvorstellungen zu entkommen, solange ihr eure Lebensweise nicht ändert. Sonst wäre es so, als wenn ihr die Leinwand wechseln wollt anstatt den Film, unter dem Vorwand, ihr seid mit den auf die Leinwand projizierten Bildern nicht zufrieden! Das Bewusstsein manifestiert sich im Gehirn, aber es ist das Ergebnis der Arbeit aller

Das Bewusstsein

Zellen; es muss also auf die Zellen eingewirkt werden, will man das Bewusstsein ändern und nicht auf die Leinwand, die selbst nichts dafür kann.

Wie viele Menschen klagen, von bestimmten Bildern, Alpträumen, Zwangsvorstellungen gequält zu werden, von denen sie sich nicht befreien können! Sie ahnen nicht, dass sie selbst diesen Film im Laufe früherer Inkarnationen gedreht haben: Die Filmspule ist irgendwo einem Filmvorführer anvertraut worden, der ihn jetzt auf die Leinwand ihres Bewusstseins projiziert. Alle Bilder, die die Menschen quälen, stammen aus viel früheren Zeiten. Nicht das Bewusstsein bringt sie hervor; es dient nur als Leinwand und hat mit den guten und schlechten Erlebnissen nichts zu tun. Der Film ist seit Langem fertiggestellt, und wenn er abläuft, sieht der Betreffende sehr schöne aber auch dunkle Stellen. Da er die Dinge kaum ändern kann, muss er an einem neuen Film arbeiten. Es kann jedoch vorkommen, dass ein intelligenter Mensch mit Hilfe seines Bewusstseins erkennt, dass er sich andere Filme erbitten muss. Und das ist möglich, denn der Himmel ist immer bereit, andere Filme zu besorgen. Die Leinwand wechselt er allerdings nicht, denn sie ist groß und breit genug und funktioniert gut. Sind wir mit den Bildern nicht zufrieden, dann kommt es daher, dass sie nicht richtig eingestellt sind, die Leinwand trifft keine Schuld.

Nehmen wir den Fall eines Übeltäters, Diebes oder Mörders. Sein Bewusstsein wird ständig von Befürchtungen heimgesucht: Polizei, Gefängnis... Das ist leicht erklärbar, er hat nämlich böse Prozesse ausgelöst, die sich jetzt in seinem Bewusstsein widerspiegeln, und er findet keinen Frieden mehr. Wer dagegen nichts Schlechtes getan hat, braucht nicht zu befürchten, dass sein Bewusstsein in Unruhe gerät. Eines ist klar: Sobald jemand etwas Unredliches getan hat, ist es aus mit seinem Frieden, denn sein Bewusstsein bekommt von allen Seiten beunruhigende Bilder, und selbst wenn er es beruhigen will, gelingt es ihm nicht. Denn das hängt nicht vom Bewusstsein ab; solange der Mensch sich schlecht verhält, kommt sein Bewusstsein nicht zur Ruhe. Ihr seht also, wie unwissend die Menschen sind, denn sie wissen nicht, wie sie die Lage bessern könnten. Versucht doch euer Bewusstsein zu beruhigen und den Schlaf wiederzufinden, wenn ihr ein Verbrechen begangen habt! Ihr seid ständig beunruhigt: »Sicher hat mich jemand gesehen... ich werde bestimmt verdächtigt... man holt mich...« und ihr kommt nicht mehr zur Ruhe, was ihr auch tun mögt. So machen sich die Menschen krank.

Früher oder später führen alle begangenen Fehler zu einer physischen oder psychischen Krankheit, aber die Menschen sind nicht davon zu überzeugen! Sie glauben, sie könnten sich ganz in der Gewalt haben, sie dürften sich alles erlauben und trotzdem ruhig bleiben. Die Armen, sie werden bald ihre Grenzen erkennen. Haben sie schlecht gehandelt, dann gelingt es ihnen nicht, ihr psychisches Gleichgewicht wiederherzustellen, was sie auch unternehmen. Niemandem ist dies bis heute gelungen, niemandem! Selbst die Magier, die der ganzen Natur befehlen und denen die Geister gehorchen, können sich nicht retten, wenn sie einen Irrtum begehen. Weil keine Macht es vermag, ein geplagtes Bewusstsein zu beruhigen – überhaupt keine, das kann ich euch versichern!

Ihr dürft weder auf eure Macht noch auf euren Willen zählen, sondern allein auf eure edlen, anständigen, ehrlichen Taten. Dann ist es so weit, ihr seid wieder frei! Aber sobald ihr ein Gesetz nicht beachtet, ist eure ganze Macht dahin. Sie kehrt erst zurück, wenn ihr die Dinge wieder in Ordnung bringt. Und gerade das unterscheidet den wahren Magier vom gewöhnlichen Menschen – er stellt seine Irrtümer sofort wieder richtig. Darin liegt seine Macht: in seiner Fähigkeit, Fehler schnell wiedergutzumachen. Alles magische Wissen reicht nicht aus, um das Bewusstsein zu beruhigen, wenn der Magier seine Fehler nicht wiedergutmacht. Aber jede Wiedergutmachung wirkt indirekt auf das Bewusstsein, und Ruhe und Frieden kehren zurück.

Man müsste noch länger darüber sprechen, weil die meisten Denker diese Wahrheit verkennen. Es ist so viel Falsches über das Bewusstsein gesagt worden, dass es jetzt sehr schwer ist, die Dinge in den Köpfen der Menschen wieder richtigzustellen. Ein gestörtes Bewusstsein kann durch Medikamente oder psychoanalytische Behandlung nicht dauerhaft beruhigt werden. Seine Fehler wiedergutmachen ist das einzig wirksame Mittel.

II

Durch das Bewusstsein steht der Mensch also zwischen der niederen und der höheren Welt. Wenn er nicht aufmerksam, d. h. wenn sein Bewusstsein nicht wach ist, versuchen die dunklen Mächte der Finsternis – vor allem die der Astralebene – sich seiner zu bemächtigen, um ihn zu zermalmen und zu verschlingen. Darum heißt es: »Übergebt Gott euer Herz.« Ja, weil der Verführer sich zuerst in das Herz einschleicht. Das Herz entspricht der Astralebene, und da diese die physische Ebene berührt, können die dunklen, unterirdischen Kräfte sie leichter beeinflussen als den Intellekt, die Seele oder vor allem den Geist. Was ihr auch Schlechtes tut, den Geist könnt ihr nicht mitreißen. Der Geist ist ein Funke, der niemals geschwächt oder ausgelöscht werden kann, er steht Gott zu nahe. Spricht man vom »bösen Geist« eines Menschen, dann handelt es sich unmöglich um seinen Geist. Der Geist nimmt niemals an irgendetwas

Bösem teil. Man weiß meistens nicht, was der Geist ist, denn er wird oft mit dem Intellekt verwechselt.

Der Herr bittet um euer Herz, aber ihr erwidert: »Herr, warum? Mein Herz schlägt für den oder die...« – »Gut, ich verstehe«, spricht der Herr, »aber gib es mir trotzdem, denn dein ganzes Unglück und deine Leiden kommen daher, dass du dein Herz, das dir nur üble Streiche spielen kann, für dich behältst.« Wie viele außergewöhnliche Menschen ließen sich durch ihr Herz in alle möglichen Ausschweifungen und Dummheiten mitreißen! Das Herz... niemand ist vor den Dämonen sicher, die versuchen, sich des menschlichen Herzens zu bemächtigen. Darum müsst ihr euer Herz Gott übergeben, um himmlischen Schutz zu finden, und Gott wird seine liebevollen Diener schicken, die sich in eurem Herzen niederlassen und euch in Schutz nehmen.

Aber so wie der Mensch sich der Anziehungskraft der niederen Welt widersetzen soll, so soll er auch derjenigen der höheren Welt Widerstand leisten. Er muss mit den himmlischen, segensreichen Kräften arbeiten, ohne jedoch das zwischen beiden Welten bestehende Gleichgewicht aus den Augen zu verlieren. Der Mensch lebt auf der Erde und darf sie nicht vorzeitig verlassen. Durchtrennt er die Verbindung mit der Erde, um schneller in den Himmel zu kommen, so wird er vielleicht in der

Das Bewusstsein

Unendlichkeit, im Licht leben, aber dann erfüllt er seine Lebensaufgabe nicht, nämlich auf der Erde mit den Mitteln des Himmels zu arbeiten. Das Bewusstsein des Menschen soll ein an der Grenze zwischen der höheren und niederen Welt liegendes Bewusstsein sein.

Diese Vorstellung vom Menschen, der an der Grenze zwischen höherer und niederer Welt steht, kommt in einem altüberlieferten Bild zum Ausdruck: das des Schutzengels zur Rechten des Menschen und des Dämons zu seiner Linken. Der Engel berät und erleuchtet ihn, der Dämon hingegen will ihn in die Irre führen, damit er ihm zum Opfer falle. Man kann sich allerdings fragen, warum Engel und Dämon sich nicht direkt bekämpfen: Das wäre einfacher, und der Sieger würde sich einfach des armen Kerls bemächtigen. Aber so ist es nicht. Sie achten sich, schätzen und grüßen sich: »Hallo, guten Tag, bist du's? Wie geht's?« Der Dämon unternimmt nichts gegen den Engel des Lichts, und der Engel schmettert ihn auch nicht nieder. Das kommt daher, dass Engel und Dämon Sinnbilder sind, die die Existenz einer höheren und niederen Welt symbolisieren, zwischen denen sich der Mensch befindet. Es liegt also an ihm, sich für eine Richtung zu entscheiden.

Ein anderes Bild kann diese Vorstellung veranschaulichen, wobei der Mond zum Sinnbild all dessen wird, was unter uns liegt und uns in Versuchung bringt: Er steht für Instinkte, Bauch, Geschlecht; während die Sonne, die über uns steht, zum Symbol unserer Seele, unseres Geistes – Gottes – wird. Es ist immer dieselbe Dualität: das Höhere und das Niedere, Himmel und Hölle; mit seinem Bewusstsein befindet sich der Mensch zwischen beiden: Ihm steht es frei, sich zu dem Höheren emporzuschwingen oder sich in die Abgründe fallen zu lassen.

Aus mehreren Körpern bestehend, besitzt der Mensch in Wirklichkeit auch mehrere Bewusstseinsebenen, und selbst auf der physischen Ebene besitzt jede Zelle seines Körpers ein Bewusstsein. Denn das Bewusstsein befindet sich nicht nur im Gehirn. Jede Zelle eines jeden Organs besitzt ihr eigenes Bewusstsein – natürlich in reduzierter Form, aber es existiert. Auch auf der untersten Stufe der Schöpfung besitzen Steine, Felsen und Metalle ein Bewusstsein; nur befindet es sich nicht in ihnen, sondern sehr weit weg von ihnen. Das Bewusstsein der Pflanzen ist im Zentrum der Erde, und will man zu den Pflanzen sprechen, will man, dass sie uns verstehen und reagieren, dann muss man sie eben dort ansprechen. Auch Tiere haben kein individuelles, nur ein kollektives Bewusstsein, das außerhalb von ihnen steht. Jede Spezies besitzt eine sie leitende Gruppenseele. Einzig der Mensch hat ein individuelles Bewusstsein. Bei Wesen aller anderer Naturreiche befindet sich das

Bewusstsein außerhalb des Körpers. So erklärt sich, warum Tiere Perioden fürs Paaren, Eierlegen, Wandern, Mausern usw. haben: Sie gehorchen ihrer Gruppenseele. Allein die Menschen – obgleich sie Teil der Schöpfung sind – haben ein Ich, ein individuelles Bewusstsein, einen eigenen Willen.

Ich sagte euch schon, dass jede Zelle eines jeden Organs ihr eigenes Bewusstsein hat. Ja, die Zellen von Leber, Milz, Lungen usw. haben verschiedene Aufgaben, verschiedene Aktivitäten, und sie haben ebenfalls verschiedene Bewusstseinsinhalte. Aber da sie – genau wie die Tiere – miteinander verbunden sind, werden sie von einem im Gehirn sitzenden Repräsentanten, einer Gruppenseele, vertreten, die ihre Ansprüche übermittelt, ihrer Zufriedenheit oder Unzufriedenheit Ausdruck verleiht. Zellen sind wie Bürger, die einen Abgeordneten wählen, der sie im Parlament repräsentieren soll oder wie Arbeiter, die einen Gewerkschaftsvertreter wählen, damit er ihre Interessen verteidigt. Ja, der Vorgang ist der gleiche, denn die Menschen können nichts erfinden, was nicht schon irgendwo im Organismus oder im Universum existiert. Durch Intuition, Erinnerung oder tastende Versuche müssen sie Gesetze und Phänomene wiederentdecken, welche die kosmische Intelligenz schon geschaffen hatte.

Die Zellen im vorderen Teil des Gehirns sind die bewussten Repräsentanten des ganzen Körpers. Alle anderen Zellen des Gehirns sind ebenfalls Repräsentanten des Körpers, aber unbewusste oder unterbewusste. Einige Zellen im vorderen Gehirn bilden den Sitz des Ich-Bewusstseins: Alle übrigen Gehirnzellen entsprechen dem Unterbewusstsein. Im hinteren Teil des Gehirns befindet sich das Zentrum der Sexualität im Kleinhirn, und die Zellen des Kleinhirns schicken ebenfalls Repräsentanten, die die Tribüne besteigen, um ihre Forderungen geltend zu machen. Man empfindet oft bestimmte Bedürfnisse, ohne sich dessen bewusst zu sein, und darum sind viele Männer und Frauen über ihre nächtlichen Träume erstaunt. Den Traum hat sich die Natur als Mittel ausgedacht, um bis dahin in den tiefen Schichten des Unterbewusstseins verborgene Wünsche oder Sehnsüchte ins Bewusstsein zu rufen. Das Bewusstsein – das sagte ich schon – gleicht einer Leinwand oder einem schwarzen Brett, auf dem die Forderungen der verschiedenen »Ichs«, die unsere Doppelnatur – die höhere und niedere Natur – darstellen, abgebildet werden.

Der Mensch besteht zugleich aus der höheren und niederen Natur und ist auch die Leinwand, auf der sie sich abbilden. Er kann also indirekt Veränderungen auf dieser Leinwand herbeiführen, indem er auf die eine oder andere Natur einwirkt. Zugleich kann er aber auch im ganzen Universum wirken, in der Hölle wie im Himmel, denn sein

Wesen kennt keine Grenzen. Seine Wurzeln reichen ins ganze Universum, und deshalb ist es so schwierig, ja fast unmöglich, sich selbst zu erkennen: Bald äußert er sich in der einen, bald in der anderen Welt, und die Leinwand des Bewusstseins vermittelt ihm eine Vorstellung von dem, was er gerade tut. Die Leinwand dient ihm dazu, sich wie in einem Spiegel zu betrachten und kennenzulernen. Er selbst kann nicht direkt auf den Spiegel einwirken, aber er kann überall im Universum wirken, weil ihm Willen, Vorstellungs- und Denkkraft zur Verfügung stehen, und der Spiegel sendet ihm nur das Spiegelbild seiner Aktivitäten zurück.

Seit undenklichen Zeiten hat der Mensch in allen Regionen des Universums daran gearbeitet, Teilchen anzusammeln, mit deren Hilfe es ihm gelang, sich einen physischen, ätherischen, astralen und mentalen Körper aufzubauen; einige Elemente eines Kausal-, Buddhi- und Atmankörpers hat er auch erlangt. Folglich ist er über all diese Körper und Regionen verstreut, sodass er Mächte und Kräfte berührt, die sich in seinem Bewusstsein widerspiegeln. Wenn er intelligent und hellsichtig ist, betrachtet er diese Leinwand, enträtselt die Abbildungen und sagt sich: »Durch meine Gedanken, Wünsche und Handlungen habe ich Sümpfe aufgewühlt, und das zeigt sich jetzt auf der Leinwand.« Und wenn er den Himmel rührte, erblickt er herrliche Bilder auf der Leinwand und wird dadurch belehrt: Die Wirklichkeit der Dinge »kommt ihm zum Bewusstsein«, wie es heißt, er wird sich der Existenz von Gesetzen bewusst, und dann kann er sich entschließen, intelligenter, weiser, klüger, vernünftiger zu werden, um nicht weiterhin verworrene und hässliche Bilder auf seine Leinwand zu projizieren. Aber das, was sich im Bewusstsein widerspiegelt, gibt noch nicht das ganze Tun des Menschen wieder, er hat viel mehr Handlungsmöglichkeiten und weiß nicht immer, wo er wirkt. Denn das Bewusstsein spiegelt kaum einen Bruchteil des menschlichen Lebens wider.

Der Mensch bewohnt also alle Regionen des Universums, deren Partikel ihn formen. Darum müsst ihr danach streben, bei allem, was in euch vorgeht, genau aufzupassen, damit ihr begreift, woher es kommt. Bei allen Wünschen, Gefühlen und Gedanken müsst ihr euch darüber im Klaren sein, ob sie euch von der niederen oder der höheren Natur eingegeben werden; und ihr sollt sogar durch ihre Farben, ihren Duft, die ihnen entsprechenden Wesenheiten erkennen, denn in der Natur ist alles genau festgelegt, klassifiziert und geordnet. Man sollte sich daran gewöhnen, sich selbst unter die Lupe zu nehmen und mit dem Spiegel des Bewusstseins zu arbeiten.

Der Mensch beherbergt eine ganze Welt. Zahlreiche Menschen bergen Feinde in sich, die sich noch nicht gemeldet haben, aber eines Tages treten

Das Bewusstsein

sie plötzlich hervor. Diese Feinde waren schon lange da, aber der Mensch ahnte nichts von ihnen, weil sie sich auf der Leinwand seines Bewusstseins noch nicht gezeigt hatten. An dem Tag aber, an dem sie plötzlich zum Vorschein kommen, wird er physisch oder sogar psychisch krank. Oder umgekehrt: Engel wohnten in ihm, und er wusste nichts davon, aber eines schönen Tages dringen sie in sein Bewusstsein ein, und er stellt verwundert fest, dass er schon lange von Freunden unterstützt wurde.

Der Mensch ist eine grenzenlose Wesenheit, aber er kennt sich selber nicht. Gewiss, auf der Ebene seines höheren Ichs, seines göttlichen Ichs, kennt er sich, aber hier auf der Erde muss er sich durch das Gehirn, durch die Materie hindurch kennen, und gerade das ist schwierig. Sicher habt ihr schon eine Katze mit ihrem Schwanz spielen sehen... Da sie nicht weiß, dass es ihr Schwanz ist, beißt sie hinein, und was sie dann spürt, verblüfft sie. Euch geht es wie der Katze: Eines Tages entdeckt ihr ein Schwanzende und aus Unwissenheit beißt ihr hinein. Natürlich schreit ihr auf, weil ihr dann entdeckt, dass dieses herumspazierende Schwanzende ein Teil eurer selbst ist.

Überall im Kosmos sind Teile des Menschen, aber er muss sich eines Tages selbst finden. Nun, unser »Schwanzende«, das ist der physische Körper, und wir müssen uns durch ihn hindurch, durch diese Materie erkennen. Und das macht das Leben so kompliziert und schwierig, denn oft stößt man sich an Dingen und Menschen, ohne zu wissen, dass auch sie ein Teil von uns sind. Die Moral gründet eben auf dieser Wahrheit. Wenn geschrieben steht, man darf dem Nächsten kein Übel zufügen, dann deshalb, weil man damit nur sich selbst schadet. Da unser wahres Wesen überall zu Hause ist, bekommen wir als Erste die Schmerzen zu spüren, die wir anderen zufügen. Und ebenso sicher auch die Freuden. Die Moral gründet auf der Erkenntnis, dass der Mensch in der gesamten Schöpfung anwesend ist. Und darum sollte man ständig daran denken, Gutes zu tun, weil man es schließlich für sich selbst tut... für dieses Ich, das sich beim Nachbarn aufhält!

Ich sagte euch schon, dass alles Seiende ein Bewusstsein besitzt, das aber je nach Evolutionsgrad mehr oder weniger weit vom Körper entfernt ist. Das Bewusstsein der Mineralien ist am weitesten entfernt, und darum befinden sie sich im Zustand der Bewegungslosigkeit. Bei Pflanzen und Tieren nähert es sich mehr und mehr... Bis hin zum Menschen, der sein Bewusstsein beherbergt, was aus ihm ein denkendes Wesen macht.

Aber er muss darüber hinausgehen. Ich sagte es euch: Wenn ihr an euch arbeitet, um Liebe und Weisheit zu manifestieren, entwickelt ihr den Kausalkörper, und dann verschmilzt der Kausalkörper mit dem Mentalkörper. Wenn ihr an euch arbeitet,

Das Bewusstsein

um vollkommene selbstlose Liebe zu offenbaren, entwickelt ihr den Buddhikörper, der mit dem Astralkörper verschmilzt. Und wenn ihr an euch arbeitet, um mächtig zu werden und den göttlichen Willen zu verwirklichen, entwickelt ihr den Atmankörper, der die Urkraft darstellt, und dann verschmilzt er mit dem physischen Körper. Die Folge des ganzen Prozesses ist, dass Personalität und Individualität miteinander verschmelzen, und dadurch wird der Mensch auf der physischen Ebene allmächtig, mit einem allliebenden Herzen und einem allwissenden Intellekt. Man muss begreifen, dass das, was unten ist, wie das ist, was oben ist, aber wohlgemerkt, nach dem Prinzip der geometrischen Projektion, sonst kann man nichts begreifen. Der höchste Körper der Individualität – der Atmankörper – steht folglich in Verbindung mit dem niedrigsten Körper der Personalität, dem physischen Körper. Im Augenblick sind sie getrennt, zwischen ihnen gibt es diese Leinwand, auf der sie sich beide abbilden. Wenn sie aber eines Tages miteinander verschmelzen, wird es keine Leinwand mehr geben oder alles wird zur Leinwand. Denn mit einer kleinen Leinwand kann man nicht alles erkennen und nicht überall hinsehen. Wenn ihr begrenzt seid, steht ihr auch vor einer begrenzten Leinwand, aber wenn ihr keine Grenzen kennt, wird das ganze Universum zur Leinwand: Ihr seid überall und kennt alles.

XII

DAS UNTERBEWUSSTSEIN

Seit Jahrzehnten wird viel über das Unterbewusstsein gesprochen. Die Psychoanalytiker, die jetzt dieses Gebiet erkunden, wissen leider nicht, was für gefährliche Regionen sie dabei im Menschen aufwühlen; Regionen, in denen allerlei prähistorische Monster angesammelt sind: Dinosaurier, Brontosaurier, Ichthyosaurier! Ja, diese Monster leben alle noch. Zwar sind sie schon lange von der Erdoberfläche verschwunden, aber sie leben weiter im Menschen als Instinkte, Gefühle und Begierden. Selbst wenn ihr physischer Körper aufgelöst ist, bedeutet das aber nicht, dass auch ihr Astralkörper verschwunden ist. Nein, denn durch ihren Astralkörper sind alle Tiere – und nicht nur die prähistorischen – im Unterbewusstsein des Menschen ansässig. Und die der Einweihungswissenschaft unkundigen Psychoanalytiker gehen unvorsichtig daran, diese verborgenen Schichten aufzurühren, weil sie angeblich im Unterbewusstsein der Menschen nach dem Ursprung bestimmter Störungen suchen wollen. Aber durch diesen Eingriff wecken sie diese Tiere auf, die sich dann auf den Betreffenden stürzen, um ihn zu verschlingen.

Das heißt jedoch nicht, dass man das Unterbewusstsein vernachlässigen soll. Durchaus nicht. Ich habe euch übrigens Methoden gegeben, die euch ermöglichen, das Unterbewusstsein in den Dienst eurer spirituellen Arbeit zu stellen. Ihr solltet z. B. wissen, dass die wahren Umwandlungen niemals durch bewusste Gedanken, sondern durch unbewusste bewirkt werden. Um euer spirituelles Ideal zu verwirklichen, müsst ihr daher lernen, in euer Unterbewusstsein hinabzusteigen, um dort das Bild des angestrebten Ideals zu hinterlegen. Durch bewusste Arbeit wird es gewiss eines Tages zur Verwirklichung kommen. Schneller geht es allerdings, wenn ihr mit dem Unterbewusstsein arbeitet, denn gerade die unterbewussten Kräfte üben die größte Macht auf die Materie aus.

Was entspricht nun dem Unterbewussten? Als ich von den verschiedenen Bewusstseinsschichten sprach, erklärte ich euch, dass sie den verschiedenen Naturreichen im Universum entsprechen: das Unbewusste dem Mineralreich; das Unterbewusstsein dem Pflanzenreich; das Bewusstsein dem Tierreich; das Selbstbewusstsein dem Menschen; und das Überbewusstsein den großen Meistern und Eingeweihten. Das mit dem Pflanzenreich verbundene Unterbewusstsein steht der physischen Welt, also der Verwirklichung, sehr nahe. Das Überbewusstsein hingegen ist sehr weit davon entfernt. Wenn es euch daher gelingt, eure Wünsche dem Unterbewusstsein einzugeben, werden sie viel schneller erfüllt. Die Hypnose gehorcht demselben Prinzip: Durch Hypnose wird auf das Unterbewusstsein einer Person eingewirkt, und dann führt sie die Befehle aus, die man ihr erteilte, was sie im Wachzustand und bei vollem Bewusstsein vielleicht nicht getan hätte.

Ihr könnt also angemessene Übungen ausführen, um die Verwirklichung eurer Arbeit zu beschleunigen. Wenn ihr im spirituellen Leben schneller Ergebnisse erzielen wollt, müsst ihr euch konzentrieren, über das erstrebte Ziel meditieren und gleich darauf einschlafen, denn so werden die unterbewussten Kräfte zur Erfüllung eurer Wünsche beitragen. Über Jahre hinweg habe ich diese Übungen gemacht. Und wenn ich etwas mehr als viele andere erreichte, dann deshalb, weil ich eben auf diese Weise arbeitete.

Die meisten Menschen begnügen sich damit, Schaum zu schlagen... Ja, sicher haben sie manchmal durchaus geniale, großartige Ideen, aber diese müssen verwirklicht werden, und dafür gibt es viele Methoden. Eben habe ich euch eine genannt. Man kann aber auch versuchen, seine Ideen dadurch zu konkretisieren, dass man seine Lebensweise verbessert und lernt, jede Handlung des täglichen Lebens besser auszuführen: essen, atmen, gehen, schlafen usw. Denn jede dieser Handlungen ist mit unserem unterbewussten Leben verbunden, und weiß man sie richtig auszuführen, so kann man zur Verwirklichung einer göttlichen Idee beitragen. Übrigens: Oft habe ich deshalb die Wichtigkeit des seelischen Zustandes beim Einschlafen hervorgehoben, weil der Schlaf die Kristallisation dieses Zustandes im Unterbewusstsein begünstigt. Ihr müsst mit den besten Gedanken und Wünschen einschlafen, denn so tragt ihr zu deren Verwirklichung bei.

Für den Schüler, der fest entschlossen ist, an sich selbst gründlich zu arbeiten, mangelt es nicht an Methoden. Ich sagte euch schon, dass sich alles Erlebte in uns aufzeichnet, sodass wir folglich eine Menge Aufzeichnungen in uns bewahren. Menschen, die an einem Ort eine große Liebe erlebten, und nach vielen Jahren an denselben Ort zurückkehren, stoßen auf ihre Erinnerungen und werden von denselben Gefühlen wie damals ergriffen. An diesem Ort durchleben sie von Neuem die gleichen Gefühle, vielleicht weniger intensiv, aber von gleicher Natur. Und wenn andere sich grausigen Orten nähern, an denen sie gequält, geschlagen oder gefoltert wurden, werden sie von derselben Furcht und demselben Schrecken gepackt. Das beweist, dass alle Eindrücke im Unterbewusstsein aufgezeichnet sind und eines Tages wiedergefunden werden können.

Wenn ihr jetzt eine gründliche Arbeit an euch selbst ausführen wollt, so versucht, euch der kostbarsten Augenblicke eures Lebens zu erinnern und lasst sie wieder aufleben, versenkt euch darin. Sicher habt ihr schon erhebende Augenblicke erlebt, in denen ihr euch durch Inspirations- und Lichtwirbel über euch selbst erhoben fühltet. Ihr solltet die Aufzeichnungen dieser herrlichen Momente wiederfinden, d. h. in Gedanken die gleichen Bedingungen wiederherstellen, damit in euch wieder die gleichen Wirkungen hervorgerufen werden. Nach kurzer Zeit empfindet ihr die gleichen Gefühle wieder, ihr führt frühere Erlebnisse fast wieder herbei, und diese Aufzeichnungen könnt ihr – sooft ihr wollt – aufs Neue ablaufen lassen. Und wenn ihr in Zukunft einen lichtvollen, göttlichen Augenblick erlebt, stellt euch vor, dass er sich in euer Unterbewusstsein einprägt, wo ihr ihn eines Tages wiederfinden und neu zum Leben erwecken könnt.

Für die Arbeit mit dem Unterbewusstsein gibt es also ungefährliche Methoden, aber hütet euch vor der Psychoanalyse; selbst wenn ihr euch angstvoll und depressiv fühlt, würde ich euch doch von der Psychoanalyse abraten. Sicher gibt es Psychiater, denen es gelingt, einige Patienten zu heilen, aber sie wissen oft nicht einmal genau, warum und wie es dazu kam, und in vielen Fällen verwirren sie die Patienten nur noch mehr. Um psychische Störungen zu heilen, gibt es andere Methoden als im Unterbewusstsein herumzuwühlen oder in alten längst vergangenen Dingen herumzuwaten und die Dinosaurier wieder aufzuwecken.

Immerhin ist die Psychoanalyse – selbst ungeschickt praktiziert – das Zeichen, dass für den Menschen die Zeit gekommen ist, die unbekannten, dunklen Regionen seines Wesens zu erforschen. Gegenwärtig ist er erst am Anfang, er tastet sich vor, ohne eine genaue Kenntnis über die Organisation und die Struktur dieser Regionen zu haben: Er weiß weder wie die Materialien und Elemente sich zusammentun, aus denen sie gebildet sind, noch welche Mächte und Wesenheiten am Werke sind. Bestimmte Forscher, besonders Ärzte, haben sich ohne Vorkenntnisse in den Bereich des Unterbewusstseins vorgewagt – weil sie wagemutig sind, aber auch weil sie durch die Kräfte des Wassermanns in diese Richtung gedrängt werden. Aber selbst mit den begrenzten Mitteln, über die sie verfügen, finden sie Bruchteile der Wahrheit, und das beweist, dass die Zeit kommt, diesen anderen Teil der Schöpfung zu erforschen.

Das Unterbewusstsein ist eine sehr weite und gefährliche Region, den Tiefen des Ozeans vergleichbar. Wollt ihr dort ohne die notwendige Ausrüstung hineintauchen, so ist es um euch geschehen, denn in diesen Tiefen hausen Ungeheuer, die nur darauf warten, euch zu verschlingen. Bekanntlich braucht man zur Erforschung der Meerestiefen oder des Erdinneren spezielle Ausrüstungen. Es ist übrigens bei jedem Unterfangen notwendig, in guter Form zu sein und dazu noch über einen speziellen Schutz zu verfügen. Nur wenn es darum geht, in die Tiefen des eigenen Wesens hinabzusteigen, meinen die Menschen, es sei leicht und völlig gefahrlos. Nun, gerade darin liegt die größte Gefahr, und man muss dafür unbedingt ausgerüstet sein. Aber wie kann man sich ausrüsten?

Das ist nicht so einfach. Diese psychische Ausrüstung lässt sich in einer über dem Bewusstsein und dem Selbstbewusstsein liegenden Region finden, nämlich im Überbewusstsein. Dort muss man hinaufgelangen, bevor man in das Unterbewusstsein hinabtaucht. Das bedeutet, man soll sich Kenntnisse über die Struktur dieser Regionen und über die Art der sie bewohnenden Wesenheiten aneignen, aber auch andererseits bestimmte Tugenden entwickelt haben: Lauterkeit und Selbstbeherrschung, um eine lichtvolle Aura zu besitzen, die es ermöglicht, gefahrlos in die Abgründe hinabzusteigen. Doch wissen die meisten Psychoanalytiker nichts von diesen verschiedenen Regionen des Unterbewusstseins, von denen einige wahrhaft infernalisch sind. Sie sind nicht darauf vorbereitet und wissen nicht, dass man – wie früher die Taucher – eine Verbindung zur Oberfläche aufrechterhalten muss, eine Leine, mittels der euch Freunde im Falle einer Gefahr wieder hochziehen können. Sie führen ein Durchschnittsleben, und ohne sich geläutert oder spirituell gestärkt zu haben, steigen sie in die Abgründe hinab, andere dorthin mitreißend.

Habt ihr Lust dazu, dann könnt ihr euch natürlich jederzeit mit Monstern und bösartigen Geistern messen, aber ihr solltet im Voraus wissen, dass ihr zerschmettert, verschlungen, vernichtet werdet, wenn ihr bloß mit eigenen Mitteln kämpft. Zunächst müsst ihr euch mit höheren Geistern aus der Lichtwelt verbinden und sie um Waffen und Schutz bitten, und erst danach zum Kampf aufbrechen. Denn sobald die niederen Geister spüren, dass ihr bewaffnet seid, zerstreuen sie sich. Droht euch Gefahr, so lassen euch die himmlischen Wesenheiten, die wissen, dass der Mensch im Laufe seiner Evolution die Abgründe in sich erforschen muss, nicht im Stich. Aber macht keine Psychoanalyse und watet nicht sorglos in den Sümpfen des Unterbewusstseins herum – nur weil es Mode ist.

XIII

DAS HÖHERE ICH

I

Wie oft habe ich während einer nächtlichen Bahnreise, wenn alle Reisenden schliefen, ein Fenster geöffnet und nach vorne zur Lokomotive geschaut, wo sich der Lokomotivführer befand, und ich sagte mir: »Alle schlafen ruhig, nur dort in der Dunkelheit wacht ein rechtschaffener Mann mit Kohle geschwärztem Gesicht und in der Nacht leuchtenden Augen.« Ich war sehr beeindruckt von diesem armen Kerl, der als Einziger nicht schlafen durfte, weil er für die Sicherheit der anderen verantwortlich war.

Dieses Bild des Zuges kann euch einen sehr wichtigen Aspekt des inneren Lebens begreiflich machen. Es gibt noch einen anderen Zug, dessen Lokführer nicht einschlafen darf: wir selbst. Unser Körper, unsere Zellen schlafen, aber unser höheres Ich schläft nie ein. Es bleibt wach, aufmerksam und hört nicht auf, uns zu lenken. So ist es wenigstens bei Eingeweihten oder aufgeklärten Schülern.

Bei den meisten Menschen aber, die nur eine sehr unbestimmte Ahnung von ihrem höheren Ich haben, ist es, als schliefen Fahrgäste und Lokführer.

Man sollte immer einen Teil seiner selbst wach halten. Und selbst vor dem abendlichen Einschlafen müsst ihr daran denken, euch demjenigen anzuvertrauen, der in euch wacht, solange ihr im Schlaf versunken seid. Jesus sagte: *»Wachet und betet!«* Und die Christen glaubten, es handle sich dabei vor allem um das physische Wachen. Um dieses missverstandene Gebot anzuwenden, weckten sich die Armen mitten in der Nacht auf, um zu beten und zu meditieren. Das Ergebnis war, dass sie sich im Kampf gegen den Schlaf erschöpften und letztendlich den natürlichen Rhythmus des Organismus durcheinanderbrachten. Auf einer höheren Ebene soll man wachen und beten. Wachen auf der physischen Ebene ist nicht das Wesentliche. Diese Wachsamkeit ist auf eine viel höhere Ebene zu verlegen; unsere Zellen sollen schlafen, der Körper soll sich erholen, aber auf einer höheren Ebene müssen wir wachen, d. h. uns mit dem immer Wachenden verbinden, mit ihm wieder zusammenkommen und uns mit ihm vereinigen.

Und wo befindet sich dieser ewig Wachende? Zwischen den beiden Augenbrauen. Deshalb sieht er alles, registriert alles und versteht alles. Er ist vollkommen gleichmütig und unerschütterlich. Mit ihm sollte man sich verbinden. Ja, wenn es

Das höhere Ich

euch gelingt zu wachen und von diesem Zentrum aus Bitten zu äußern, werden die spirituellen Augen die unsichtbaren Regionen erkunden; und ihr werdet sogar, während euer physischer Körper schläft, mit den wunderbarsten Wirklichkeiten in Berührung kommen.

II

Das Herabsteigen des Heiligen Geistes ist ein Symbol, das sich in verschiedenen Ausdrucksformen in allen Religionen wiederfindet, aber meistens wird sein Sinn missverstanden. Man darf nicht glauben, dass der Heilige Geist eine außenstehende, dem Menschen wesensfremde Wesenheit ist: Er ist sein höheres Ich, er ist all das, was er an Lichtvollem, Machtvollem, an Göttlichem besitzt. Ihr werdet fragen: »Da viele Menschen den Heiligen Geist bereits empfangen haben, gibt es ebenso viele Heilige Geister wie Individuen?« Nein, der göttliche, kosmische Heilige Geist ist einzigartig, und jedes höhere Ich empfängt aufgrund seiner göttlichen Natur von Ihm einen Funken und wird Ihm ähnlich. Empfängt ein Mensch den Heiligen Geist, dann steigt in Wirklichkeit sein eigener Geist zu ihm herab, denn sein eigener Geist ist nichts anderes als sein höheres Ich, das in der Sonne seinen Sitz hat.

Das höhere Ich

Der Mensch ist an sein höheres Ich gebunden, das darauf wartet, in ihn einzudringen und von ihm Besitz zu ergreifen; aber die Unreinheiten des Menschen versperren ihm den Weg. Wenn der Mensch sich gründlich läutert und eines Tages zur wahren Heiligung gelangt, wird der Heilige Geist in ihn herabsteigen, und dann vollbringt er Wunder. Aber der Heilige Geist ist unteilbar: Er ist ein kosmischer Geist – die Gottheit selbst. Und unser höheres Ich ist von gleicher Substanz wie der Heilige Geist, es besteht aus derselben Quintessenz, demselben Licht, es ist ein Funke im Feuer, ein Wassertropfen im Ozean.

Nehmt etwas Quecksilber, gießt es auf einen Tisch und beobachtet, wie es sich in zahllose winzige Tropfen zerteilt. Bringt ihr jetzt diese Tropfen einander näher, so verschmelzen sie miteinander. Gebt nun ein wenig Staub auf den Tisch und wiederholt das Experiment, die Quecksilbertropfen können sich nicht wieder vereinigen. In uns geschieht dasselbe: Schichten von Unreinheiten hindern die Universalseele, unsere Seele, sich mit uns zu verschmelzen.

Ihr begreift jetzt, warum es so unerlässlich ist, sich zu läutern: Nur so kann sich die Verschmelzung von höherem und niederem Ich vollziehen. Solange sie nicht erfolgt, bleibt unser höheres Ich irgendwo von uns abgetrennt; trotz seiner Macht, seiner Kenntnisse und seines Reichtums kann es nichts für uns tun. Es ist vollkommen, allwissend, allmächtig, ein Teil von Gott, aber es kann uns nicht helfen.

Ja, es ist überaus schwierig zu verstehen, dass in uns ein Wesen existiert, das alles sieht, alles weiß, alles kann, das aber – was wir auch tun mögen – gleichmütig bleibt. Da wir mit dem anderen Teil unseres Wesens dort oben verbunden sind, warum mischt es sich nicht ein, wenn wir z. B. Fehler begehen? Warum akzeptiert es Situationen, die ihm nicht zugute kommen? Es wusste im Voraus, dass wir leiden, bedauern und uns verirren würden, aber es hat nicht eingegriffen... Und in Wahrheit hat es uns vielleicht sogar dazu gedrängt! Ja, das ist ein Rätsel. Und während wir nun hier dabei sind zu »schmoren« und zu jammern, befindet es sich in unbeschreiblicher Glückseligkeit und kümmert sich nicht um unser Leiden. Und wenn wir ihm unsere guten Absichten und Erwartungen unterbreiten, warum tut es nichts, um sie zu realisieren? Wir sind nicht von ihm abgetrennt, und doch bleibt es gleichgültig, wenn wir leiden, es lässt uns in der Tinte sitzen. Wir müssen also wissen, wie es gerührt werden kann...

Unser höheres Ich reicht über das hinaus, was uns ausmacht: den physischen Körper, den ätherischen Körper, die Astral- und Mentalkörper, und sogar darüber hinaus, die Kausal-, Buddhi- und Atmankörper, die, wenn auch von äußerster Fein-

Das höhere Ich

stofflichkeit, immer noch Körper sind, also materiell. Das höhere Ich ist kein Körper, es manifestiert sich durch diese Körper hindurch, aber seine Region ist die, welche die Kabbalisten *Ain Soph Aur* nennen: das grenzenlose Licht.

Unser höheres Ich vermag alles. Die Frage ist nur, ob es will. Unsere Tragik besteht darin, dass wir nicht wissen, wie wir es dazu bringen können, dass es genau das will, was wir auch wollen! Wie kann man den guten Willen dieser Wesenheit für sich gewinnen, die so weit von uns entfernt ist und von der wir hier nur einen winzigen Teil so unvollkommen darstellen?

Unser irdisches Ich besteht aus veränderlichen, unbeständigen und so verschiedenen »Ichs«! Trotz allem werden immer nur wir für alle Dummheiten, die diese »Ichs« begehen, verantwortlich gemacht, und wir müssen für sie leiden und büßen. Unser wahres Ich begeht niemals Verbrechen oder Irrtümer: Es bleibt immer oben, in den höheren Regionen, in der Lauterkeit, im Licht. Wir müssen uns bemühen, dieses Ich zu erkennen, um mit ihm zu verschmelzen. Es liegt an uns zu arbeiten, um uns mit ihm zu verbinden. Aber bis dahin gibt es auf der Erde ein Ich, das allen anderen »Ichs«, die dasselbe Haus bewohnen, sozusagen als Visitenkarte dient. Es sind ganz und gar unterschiedliche und sogar seltsame »Ichs«, die überhaupt nichts Gemeinsames haben: Poet, Geizhals, Koch, Lügner...

aber wir, wer sind wir? Wir wissen es nicht! Es gibt ein Schein-Ich, das alle umfasst und nacheinander Belohnungen und Strafen für die Vergehen und die guten Taten der einen oder anderen empfangen muss. Eines dieser »Ichs« klaut beim Nachbarn, und da kommt ein anderes Ich, ein ehrliches, das erstaunt und betrübt ist: Es versteht nicht, wie es dazu kommen konnte.

Wenn wir uns wirklich selber erkennen wollen, d. h. wenn wir zu unserem höheren Ich finden wollen, ist es sofort davon unterrichtet und freut sich. Alles Übrige lässt es vollkommen gleichgültig. Ob man General, Minister oder Kaiser wird, ob man verunglückt, im Elend oder in der Verzweiflung lebt, das lässt es kalt. Erst an dem Tag, an dem wir es endlich erkennen wollen, d. h. uns selbst erkennen, wird es aufmerksam und beginnt uns zu beachten. Dann verschwinden Schwäche, Finsternis und Leiden, und neue Kräfte beginnen von nun an in uns zu wirken. Dieses Phänomen entspricht genau der Metamorphose der Seidenraupe. Sie hüllt sich in einen Kokon ein, und einige Zeit später entwickelt sich daraus ein anderes, wunderschönes, leuchtendes zartes Wesen... ein Schmetterling!

Die Natur hat überall Zeichen hinterlassen, um die Schüler zu lehren und ihnen klarzumachen, was für Veränderungen sie in sich selbst hervorrufen müssen. Die Menschen bilden sich ein, sie seien etwas Herrliches. In Wirklichkeit sind sie genauso plump und hässlich wie Raupen, die Blätter von den Bäumen abfressen und allerlei Schaden anrichten. Aber wenn sie sich einmal entschließen, in sich zu gehen, um nachzudenken, zu meditieren und schlechte Neigungen aufzugeben, lösen sie neue Kräfte in sich selbst aus, und nach einiger Zeit tritt ein zarter, unbeschwerter Schmetterling hervor, der nicht mehr Blätter frisst, sondern sich vom Nektar der Blüten nährt. Der Schmetterling symbolisiert die Seele, die alle Begrenzungen überwunden hat; darin besteht die wahre Auferstehung. Man soll nicht glauben, dass die von den Schriften erwähnte Auferstehung sich auf den physischen Körper bezieht, denn für ihn gibt es keine Auferstehung. Nur erwacht im Inneren ein spirituelles Element, das eingeschlafen war und jetzt bereit ist, aufzublühen.

Um die Verbindung mit dem höheren Ich aufzubauen, gibt es schon Methoden: eine davon besteht darin, sich auf sein Ego, sein menschliches Ich zu konzentrieren. Dieses Ich ist begrenzt, trügerisch – das stimmt schon –, aber trotz allem ist es eine Realität. Selbst wenn ihr sagt, dass es nicht existiere, so existiert es wenigstens als Nicht-Sein! Die erste Methode besteht also darin, sich dieses schwachen Mittels zu bedienen, dieser Leinwand, dieses Bewusstseins, das ihr nicht seid und doch seid. Es ist ein Teil von euch, eine weit entfernte Manifestation eures höheren Ichs. Ihr klammert euch an dieses Bewusstsein, ihr haltet es fest, ohne etwas anderes zu tun, als nur bewusst zu bleiben, und so verweilt ihr mehrere Minuten... wobei ihr dieses Bewusstsein eurer selbst bewahrt. Dann, nach und nach, da euer Bewusstsein bereits mit eurem grenzenlosen Überbewusstsein, das sich im Himmel im höheren Ich befindet, verbunden ist, gelingt es euch dank dieser konzentrierten Aufmerksamkeit, das höhere Ich zu rühren.

Eine zweite Methode bedient sich der Vorstellungskraft, um die Eigenschaften des höheren Ich in das niedere Ich herabsteigen zu lassen. Ihr denkt an euer höheres Ich, das sich im Himmel befindet, dabei stellt ihr euch vor, dass es euch betrachtet, mit anderen Worten, dass ihr selbst euch vom Himmel aus in so mangelhaften Bedingungen hier auf der Erde anschaut. Ihr verweilt bei diesem Gedanken und lasst den Strom zwischen höherem und niederem Ich kreisen. So stellt ihr die Verbindung, die wahre Verbindung, wieder her, denn von hier aus denkt ihr, ihr seid dort oben, und von dort oben spürt ihr, dass ihr unten seid, und zwar im Bewusstsein eures höheren Ichs.

Das ist sehr schwer zu erklären: Ihr seid zwei und eins zugleich. Ihr seid zwei, weil ihr zugleich unten und oben seid, aber das Bewusstsein dieser Dualität macht aus euch eine Einheit. Ihr schließt die Augen, seid euch darüber im Klaren, dass ihr da, in eurem Zimmer seid, ihr, ein lebendiges, den-

Das höhere Ich 191

kendes Wesen, und dass euer allmächtiges und allwissendes höheres Ich, das im Himmel ist, das über alle Macht und alle Kenntnisse verfügt, sich in euch widerspiegelt, sich durch euch wiedererkennt. Es sieht sich, es lächelt und lacht... Ihr beobachtet es genau von hier aus, ihr betrachtet seine Beschaffenheit; und seinerseits beobachtet es euch ebenso. Dann beginnen beide Pole eures Wesens – der niedere und der höhere – sich einander zu nähern, und eines Tages verschmelzen sie. Euer niederes Ich existiert dann nicht mehr, denn das niedere Ich, das nur eine Spiegelung ist, löst sich auf, und nur das wirkliche Ich, das höhere Ich bleibt da. Aus mit den Schwächen, der Ungewissheit, der Mutlosigkeit! Ihr werdet allwissend, unsterblich, ewig.

Ihr solltet euch also vorstellen, dass euer höheres Ich euch nicht nur beobachtet, sondern dass es sich dessen bewusst ist, sich selbst durch euch, durch euer Gehirn hindurch zu betrachten und mit euch verbunden zu sein. Dank der so angeknüpften Verbindung erwacht das Überbewusstsein. Da unser gesamtes Wesen sich auf der Leinwand des Bewusstseins widerspiegelt, ruft auch unser höheres Ich eine Spiegelung auf dieser Leinwand hervor, und so schwach diese auch sein mag, sie ermöglicht es uns ebenfalls, uns mit ihm zu verbinden. Diese Spiegelung ist ein kleines, zerbrechliches Wesen, aber sie enthält die Quintessenz des Himmels; selbst wenn es bloß eure Spiegelung ist, ist es immerhin ein Teil von euch. Schon die Spiegelung einer Person in einem Spiegel hinterlässt Fluide und Kräfte. Selbst der Schatten, der euch auf dem Weg folgt, ist eine Realität. In Afrika werden übrigens gewisse magische Praktiken ausgeübt, bei denen die Zauberer sich einzig der fluidischen Spuren von Schatten bedienen, welche die zu verhexende Person hinterlässt. Man glaubt, der Schatten sei nichts, aber der Schatten ist eine Realität: Er besteht aus vom Menschen ausgeströmten Fluiden. Warum gelingt es den Hunden, Personen dadurch wiederzufinden, dass sie nur die von ihnen im Vorübergehen hinterlassenen Fluide wittern? Ist also der Schüler fähig, die Spuren seines höheren Ichs auf der Leinwand seines Bewusstseins zu »wittern«, so gelingt es ihm eines Tages, sein höheres Ich im Himmel wiederzufinden: Nach und nach erweitert sich sein Bewusstsein auf die Dimensionen des gesamten Universums, er kommt sich göttlich vor, er schwimmt im ewigen Leben.

Ich gebe euch noch eine weitere Übung an: Sie besteht darin, sich auf den Hinterkopf zu konzentrieren. Versucht es einige Minuten... es geschieht etwas in euch, euer ganzer Körper fängt an zu vibrieren, ihr spürt etwas wie einen Funkenregen. Aber verweilt nicht zu lange bei dieser Übung: Sobald ihr diese Spannung spürt, als ob ihr einen

Das höhere Ich

wunden Punkt berührt hättet, der euren ganzen Körper vibrieren lässt, haltet ein. Die ersten Male dürft ihr diese Übung nicht zu lange ausdehnen, ihr müsst dabei sehr vorsichtig verfahren.

Die Weisen Indiens haben eine sehr tiefsinnige Formel geprägt. Sie sagen: *»Ich bin Er«,* was bedeutet: »Ich existiere nicht als ein getrenntes, unabhängiges Wesen. Ich existiere nur durch Ihn als seine Spiegelung. Und wenn ich mich jetzt wiederfinde, finde ich Ihn, der mich geschaffen hat, wieder; ich bin eine Nicht-Existenz, eine Illusion. Er allein ist Wirklichkeit.« Gott hat sich durch das ganze Universum, das Er geschaffen hat, manifestiert, und kein einziges Geschöpf lebt unabhängig von Ihm. Gott finden oder sich selbst finden ist im Grunde dieselbe Arbeit... eine langwierige Arbeit. Zuweilen fühlt ihr euch plötzlich von Licht umgeben, plötzlich ins Überbewusstsein geworfen und seid geblendet von dieser Unermesslichkeit, dieser Schönheit. Leider währt es nicht lange, und aufs Neue beginnt der Alltag mit denselben Sorgen, denselben Schwächen, aufs Neue fühlt ihr euch von Gott, von eurem höheren Ich abgetrennt: Ihr habt keine Verbindung mehr mit dem Göttlichen... Aber bleibt nicht dabei stehen, bemüht euch, die Verbindung mit eurem höheren Ich wieder herzustellen. Wenn ihr geduldig und aufrichtig darauf beharrt, zeigt sich dieses Gefühl des Getrenntseins immer seltener. Bis zu dem Tag, an dem euch endlich das Licht nicht mehr verlässt, ihr habt das andere Ufer erreicht, ihr seid endgültig gerettet.

Jetzt versteht ihr den Sinn des Gebotes, das über dem Eingang des Tempels zu Delphi geschrieben stand: *»Erkenne dich selbst.«* Das wahre Einweihungswissen besteht darin, sich durch den Akt der Liebe zu verschmelzen, so wie es in der Bibel heißt: *»Adam erkannte Eva«* oder *»Abraham erkannte Sarah«.* Das wahre Wissen ist die Verschmelzung. *»Erkenne dich selbst«,* damit meinten die Eingeweihten, dass der Mensch nicht derjenige ist, der er zu sein glaubt, und dass er folglich lernen muss, sich selbst zu erkennen. Sich erkennen bedeutet, sich mit seinem Ich zu identifizieren, zu verschmelzen, mit diesem höheren Ich, das im Himmel, in der Region des Geistes ist. Und darum muss der Mensch alles, was nur Hülle, Tand und Illusion ist, aufgeben und immer höher steigen, bis er mit seinem Geist, seinem höheren Ich vereint ist.

Zweck der Einweihung ist – ich wiederhole es – den Menschen zu lehren, sich von seiner niederen Natur zu lösen, um im Einklang mit seinem Geist zu schwingen, der sein wahres Ich ist; dann besitzt er alle Qualitäten des Geistes, Macht, Selbstbeherrschung, das Wissen des Geistes. Die Verschmelzung mit dem höheren Ich ist die Verschmelzung mit Gott. Ja, sich wiederfinden, sich erkennen be-

Das höhere Ich

deutet, in Gott aufzugehen, denn dieser Funke, dieser Geist, der dem Menschen innewohnt, ist niemals von Gott getrennt. Und der Mensch, der sich sucht und findet, erreicht das höchste Bewusstsein: in Gott zu leben und zu atmen.

Vom selben Autor
Taschenbuchreihe IZVOR

200 Hommage an Meister Peter Deunov
201 Auf dem Weg zur Sonnenkultur
202 Der Mensch erobert sein Schicksal
203 Die Erziehung beginnt vor der Geburt
204 Yoga der Ernährung
205 Die Sexualkraft
206 Eine universelle Philosophie
207 Was ist ein geistiger Meister?
208 Das Egregore der Taube
  Innerer Frieden und Weltfrieden
209 Weihnachten und Ostern
  in der Einweihungslehre
210 Die Antwort auf das Böse
211 Die Freiheit, Sieg des Geistes
212 Das Licht, lebendiger Geist
213 Die menschliche und göttliche Natur in uns
214 Liebe, Zeugung und Schwangerschaft
215 Die wahre Lehre Christi
216 Geheimnisse aus dem Buch der Natur
217 Ein neues Licht auf das Evangelium
218 Die geometrischen Figuren und ihre Sprache
219 Geheimnis Mensch. Seine feinstofflichen
  Körper und Zentren
220 Der Tierkreis, Schlüssel zu Mensch
  und Kosmos
221 Alchimistische Arbeit und Vollkommenheit
222 Die Psyche des Menschen

223 Geistiges und künstlerisches Schaffen
224 Die Kraft der Gedanken
225 Harmonie und Gesundheit
226 Das Buch der göttlichen Magie
227 Goldene Regeln für den Alltag
228 Einblick in die unsichtbare Welt
229 Der Weg der Stille
230 Die Himmlische Stadt
231 Saaten des Glücks
232 Feuer und Wasser - Wunderkräfte der Schöpfung
233 Eine Zukunft für die Jugend
234 Die Wahrheit, Frucht der Weisheit und der Liebe
235 Im Geist und in der Wahrheit -
    Wie finde ich zu Gott
236 Weisheit aus der Kabbala
237 Das kosmische Gleichgewicht - Die Zahl 2
238 Der Glaube versetzt Berge
239 Die Liebe ist größer als der Glaube
240 Söhne und Töchter Gottes
241 Der Stein der Weisen
242 Unerschöpfliche Quellen der Freude
243 Das Lächeln des Weisen
244 Dem Licht entgegen

Vom selben Autor
Reihe Gesamtwerke

1	Das geistige Erwachen
2	Die spirituelle Alchimie
3	Die beiden Bäume im Paradies
4	Das Senfkorn – Symbole im Neuen Testament
5	Die Kräfte des Leben
6	Die Harmonie
7	Die Reinheit, Grundlage geistiger Kraft
9	»Im Anfang war das Wort« Kommentare zu den Evangelien
10	Sonnen-Yoga (Surya-Yoga) Die Herrlichkeit von Tiphereth
11	Der Schlüssel zur Lösung der Lebensprobleme
12	Die Gesetze der kosmischen Moral
13	Die neue Erde
14/15	Liebe und Sexualität (Doppelband)
16	Alchimie und Magie der Ernährung – Hrani-Yoga
17/18	Erkenne dich selbst – Jnani-Yoga (Doppelband)
23/24	Eine neue Religion (Doppelband)
25/26	Der Wassermann und das Goldene Zeitalter (Doppelband)
27	Die Pädagogik in der Einweihungslehre
32	Die Früchte des Lebensbaums

Vom selben Autor
Reihe Broschüren

301	Das neue Jahr
302	Die Meditation
303	Die Atmung
304	Der Tod und das Leben im Jenseits
305	Das Gebet
306	Musik und Gesang im spirituellen Leben
307	Das hohe Ideal
309	Die Aura
311	Wie Gedanken sich in der Materie verwirklichen
312	Die Reinkarnation
313	Das Vaterunser
315	Die Quelle des Lebens
318	Die wesentliche Aufgabe der Mutter während der Schwangerschaft
319	Die Seele, Instrument des Geistes
320	Menschliches und göttliches Wort
321	Weihnachten und das Mysterium der Geburt Christi
322	Die spirituellen Grundlagen der Medizin
323	Meditationen beim Sonnenaufgang

Unterschied zwischen den Buchreihen

Reihe Gesamtwerke

Diese Bücher enthalten in jedem Kapitel einen Vortrag von Omraam Mikhael Aivanhov

Reihe Izvor

Jedes Kapitel enthält Auszüge aus den Vorträgen Omraam Mikhael Aivanhovs. Die Texte der Reihe Izvor sind stellenweise in den Büchern der Reihe Gesamtwerke enthalten.

Reihe Broschüren

Themenbezogene Auszüge aus den Büchern der Reihen Gesamtwerke und Izvor.

Verlage und Auslieferungen
Editions PROSVETA S.A. - B.P. 12 - 83601 Fréjus Cedex (France)
Tel. 04 94 19 33 33 - Fax 04 94 19 33 34, e-mail: International@prosveta.com
www.prosveta.com

Auslieferungen international:

AUSTRALIEN UND ASIEN
PROSVETA AUSTRALIA
16 Galway Gardens
WARNBRO WA 6169
Tel. (61) 8 9594 1145
E-Mail: prosveta.au@aapt.net.au

ARGENTINIEN
ASOCIACIÓN SOPHIA
Chile 1736 – Ciudad Mendoza
Tel. (54) 261 420 10 47
E-Mail: info@sophia.org.ar

BELGIEN UND LUXEMBURG
PROSVETA BENELUX
Chaussée de Merchtem 123
1780 Wemmel
Tel./Fax (32) 2 460 1362
E-Mail: prosveta@skynet.be

N.V. Maklu Somersstraat 13-15
B-2000 Antwerpen
Tel. (32) 3/231 29 00
Fax (32) 3/233 26 59

S.D.L. CARAVELLE S.A.
rue du Pré aux Oies, 303
1130 Bruxelles
Tel. (32) 2 240 93 00
Fax (32) 2 216 35 98
E-Mail: info@sdlcaravelle.com

BULGARIEN
NOVA EPOHA
Rue Chesti Semptembri n°28
Sofia 1000
Tel. 0359 (0)2/981 98 98
Mobil 0359 (0)88 981 98 98
Fax 0359 (0)2/981 32 79
E-Mail: novaepoha@novaepoha.com

BOLIVIEN
BELTRÁN
Calle Muñoz Cornejo, Sopocachi
La Paz
E-Mail: mariabelre@yahoo.es

BRASILIEN
EDITORA NOVA ERA um selo da
EDITORA BEST SELLER Ltda
(Grupo Editorial Record)
Rua Argentina 171
Rio de Janeiro, RJ 20921-380
Atendimento e venda direta ao leitor:
Mdireto@record.com.br ou
Tel. (21) 2585-2002

CONGO
PROSVETA CONGO
29, Avenue de la Révolution
B.P. 768 – Pointe-Noire
Tel. (242) 948156 / (242) 5531254
Fax: (242) 948156
E-Mail: prosvetacongo@yahoo.fr

DEUTSCHLAND
Prosveta Verlag GmbH
Postfach 16 52, D 78616 Rottweil
Heerstr. 55, D 78628 Rottweil
Tel. +49 741-46551, Fax -46552
E-Mail: prosveta7@aol.com
Internet: www.prosveta.de

ELFENBEINKÜSTE
Librairie Prosveta
25, rue Paul Langevin Zone 4C
01 B.P. 2 – ABIDJAN 01
Tel. / Fax (225) 21 25 42 11
E-Mail: prosvetafrique@yahoo.fr

ENGLAND UND IRLAND
Prosveta, The Doves Nest
Duddleswell Uckfield
East Sussex TN 22 3JJ
Tel. (44) (01825) 712988
Fax (44) (01825)713386
E-Mail: prosveta@pavilion.co.uk

GRIECHENLAND
PYRINOS Kosmos
16 Hippocratous Str., 106 80 Athens
Tel. : 30/1/3602883, 30/1/3615233
Fax : 30/1/3611234
E-mail : info@pyrinoskosmos.gr
www.pyrinoskosmos.gr

HAITI
PROSVETA DÉPÔT HAÏTI
Angle rue Faustin 1er et rue Bois Patate
#25 bis
6110 Port-au-Prince
Tél. (509) 22 45 18 65
Mobil: (509) 34 64 80 88
E-mail: rbaaudant@yahoo.com

INDIEN
VIJ BOOKS INDIA PVT.LTD
2/19, (Second Floor) Ansari Road
Darya Ganj, New Delhi -110002, (India)
Tel. (91) 11- 43596460, 011- 65449971
Fax. (91) 11-30126465
E-Mail: vijbooks@rediffmail.com
Internet: www.vijbooks.com

IRLAND
siehe England

ISRAEL
Zohar P.B.1046
Netanya 42110
E-mail: prosveta.il@hotmail.com

ITALIEN
PROSVETA Coop. a r.l.
Casella Postale 55
06068 Tavernelle (PG)
Tel. (39) 075-835 84 98
Fax. (39) 075-6306 20 18
E-Mail: prosveta@tin.it

KOLUMBIEN
PROSVETA COLOMBIA
Calle 174 Número 54B
50 Interior 6
Villa del Prado – Bogotá
Tel. (57 1) 6 14 53 85 / 6 72 16 89
Fax. (57 1) 6 33 58 03
Mobil: (57) 311 8 10 25 42
E-Mail: prosveta.colombia@hotmail.com

LIBANON
PROSVETA LIBAN - P.O. Box 90-995
Jdeitet-el-Metn, Beyrouth
Tel. (03) 448560
E-Mail: prosveta_lb@terra.net.lb

LITAUEN
LEIDYKLA MIJALBA
Gedimino G 26 B – 44319 Kaunas
Tel : 370.687 8760
Fax : 370 37 353088
E-Mail : info@mijalba.com
Internet: www.mijalba.com

LUXEMBURG
siehe Belgien

NIEDERLANDE
STICHTING PROSVETA NEDERLAND
Zeestraat 50
2042 LC Zandvoort
Tél. (31) 33 25 345 75
Fax (31) 33 25 80 320
E-Mail: prosveta@worldonline.nl

NEUSEELAND
ProsvÉta New zÉaland ltd
90 Potae Avenue – Gisborne
Tel. (64) (0)9 889 0805
Mobil: 027 3560107
E-Mail: info@prosveta.co.nz

NORWEGEN
PROSVETA NORDEN
Postboks 318, N-1502 Moss
Tel. (47) 90 27 43 33
Fax (47) 69 20 67 60
E-Mail: info@prosveta.no

ÖSTERREICH
Harmoniequell VERSAND
Hof 37, A 5302 Henndorf
Tel. und Fax +43 6214 7413
E-Mail: info@prosveta.at

POLEN
WENA Studio Tworczej Ekspresji s.c.
ul. Nowina 36, PL 60-589 Poznan
Tél. 0048 61 843 65 25
biuro@wenastudio.pl

PORTUGAL
PUBLICAÇÕES MAITREYA
Rua do Almada, 372, 4°esq
4050-033 Porto
e-Mail: flora@publicacoesmaitreya.pt
Internet: www.publicacoesmaitreya.pt

RUMÄNIEN
EDITURA PROSVETA SRL
Str. N. Constantinescu 10
Bloc 16A - sc A - Apt. 9 Sector 1
71253 Bucarest
Tel. (40) 21-231 28 78
Tel. / Fax (40) 21-231 37 19
E-Mail: prosveta_ro@yahoo.com

RUSSLAND
EDITIONS Prosveta
143964 Moskovskaya oblast
g. Reutov – 4, a/ R 4
Tel. (7095) 795 70 74
Tel./ Fax (7)(495) 525 18 17
Tel. (7)(495) 795 70 74
E-Mail: prosveta@prosveta.ru

SCHWEIZ
ÉDITIONS Prosveta
Société coopérative
Chemin de la Céramone 13
CH - 1808 Les Monts-de-Corsier
Tel. +41 21 921 92 18
Fax +41 21 922 92 04
E-Mail: editions@prosveta.ch
Internet: www.prosveta.ch

SPANIEN
Asociación Prosveta Española
C/ Ausias March n° 23 Ático
SP-08010 Barcelona
Tel. (34) (93) 412 31 85
Fax (34) (93) 318 89 01
E-Mail: aprosveta@prosveta.es

SERBIEN
ÉDITIONS GLOSARIJUM
Rige od Fere 12 – Beograd
Tel./Fax 011/2182-163
E-Mail: glosarijum@glosarijum.com

TSCHECHISCHE REPUBLIK
PROSVETA
Ant. Sovy 18 – Ceské Budejovice 370 05
Tel. / Fax (420) 38-53 10 227
E-Mail: prosveta@iol.cz

USA UND KANADA
PROSVETA US Dist.
29781 Shenandoah LN
Canyon Country CA 91387
Tel. (661) 252-9090
E-Mail: prosveta-usa@earthlink.net.

FBU – USA
P.O. Box 932 – ocust Valley
11560 New York
E-Mail : fbu_usa@hotmail.com

PROSVETA Inc.
3950, Albert Mines
Canton-de-Hatley (Qc), J0B 2C0
Tel. (819) 564-8212
Fax (819) 564-1823
in Canada, call toll free: 1-800-854-8212
E-Mail: prosveta@prosveta-canada.com
Internet: www.prosveta-canada.com

VENEZUELA
ROSVETA VENEZUELA C. A.
Calle Madrid
Edificio La Trinidad
Las Mercedes – Caracas D.F.
Tél. (58) 414 134 75 34
E-Mail: prosvetavenezuela@gmail.com

Wenn Sie sich über die Anwendung der Lehre von
Omraam Mikhael Aivanhov informieren möchten,
wenden Sie sich bitte an eine der folgenden Adressen:

DEUTSCHLAND
UWB e.V., Marienstr. 33, 78588 Denkingen
Internet: www.uwb-ev.de, E-Mail: uwb@uwb-ev.de

SCHWEIZ
FBU, Chemin de la Céramone, 1808 Les-Monts-de-Corsier
Telefon 021-921 93 90, Telefax 021-923 51 27

ÖSTERREICH
UWB, Postfach 335, 5016 Salzburg
Internet: www.aivanhov.de, E-Mail: uwb@omraam.org